Os Meninos da Caverna

Rodrigo Carvalho

Os Meninos da Caverna

O passeio de um sábado à tarde que
durou dezoito dias, preocupou o mundo
e mobilizou mil pessoas em um resgate
quase impossível na Tailândia

GLOBOLIVROS

Copyright © 2018 by Rodrigo Carvalho
Copyright © 2018 by Editora Globo S.A.

Todos os direitos reservados. Nenhuma parte desta edição pode ser utilizada ou reproduzida — em qualquer meio ou forma, seja mecânico ou eletrônico, fotocópia, gravação etc. — nem apropriada ou estocada em sistema de banco de dados sem a expressa autorização da editora.

Texto fixado conforme as regras do Acordo Ortográfico da Língua Portuguesa (Decreto Legislativo nº 54, de 1995).

Editora responsável: Amanda Orlando
Assistente editorial: Lara Berruezo
Revisão: Suelen Lopes e Julia Barreto
Diagramação: Carolina Araújo | Ilustrarte Design
Ilustração de capa e miolo: Rodrigo Rosa
Capa: Douglas Kenji Watanabe
Foto da quarta capa: Acervo pessoal Rodrigo Carvalho

1ª edição, 2018

CIP-BRASIL. CATALOGAÇÃO NA PUBLICAÇÃO
SINDICATO NACIONAL DOS EDITORES DE LIVROS, RJ

C327m

Carvalho, Rodrigo
    Os meninos da caverna: o passeio de um sábado à tarde que durou dezoito dias, preocupou o mundo e mobilizou mil pessoas em um resgate quase impossível na Tailândia / Rodrigo Carvalho ; ilustração Rodrigo Rosa. — 1. ed. — Rio de Janeiro : Globo Livros, 2018.

    ; 21cm.

    ISBN 9788525067470

    1. Vítimas de desastres — Tailândia — História. 2. Trabalho de resgate — Tailândia. 3. Reportagens e repórteres. I. Rosa, Rodrigo. II. Título.

18-53661
CDD: 070.44955168509593
CDU: 070:551.44-058.66

Editora Globo S.A.
Rua Marquês de Pombal, 25 — 20230-240 — Rio de Janeiro — RJ
www.globolivros.com.br

*À Anne, minha Zeza de alma doce,
coração forte e cheiro de mar,
amor de todos os dias e de todas as páginas.*

Sumário

Prefácio 9

Ensaio sobre a agonia 17
O Menino Sem Pátria 25
A Menina do Piauí 37
Religiosidade dentro e fora da caverna 45
    Crônica: *Minha fé* 60
Os Javalis e a Javalina Selvagens 63
    Crônica: *Arquibancada* 70
"Vocês vão para a Tailândia amanhã" 73
Um pouco sobre a morte no Oriente 85
O último mergulho de Saman Kunan 89
    Crônica: *Esconjuro* 94
Solidariedade 97
Boas notícias 107
O "embaixador" brasileiro em Chiang Rai 113
    Crônica: *Jujuba* 122

Meninos, eu vi 125
O parto da caverna, dia a dia 141

Posfácio 171
Agradecimentos 173

Prefácio

Tinha que virar filme aquela história, eleita por muitos a melhor do ano inteiro — ainda em julho —, porque era incrível, com cara de inventada, digna de ficção. Doze meninos e um adulto encurralados no fundo de uma caverna inundada na Tailândia poderiam passar quatro meses no escuro, até a temporada de chuva acabar, ou morreriam esperando, ou seriam salvos pela loucura de um resgate impossível. Mas o enredo empolgante não ajudava ninguém a se perguntar o básico:

"O que eu tenho a ver com isso? Por que, imerso em todas as minhas preocupações e dificuldades, com meus compromissos, contas a pagar, brigas com os parentes e a pilha de trabalho, as provas da faculdade, a reunião na escola do filho ou no condomínio, o arroz que queimou, o feijão que faltou, por que, mesmo enfrentando tantas questões reais todos os dias, eu vou me importar com uns moleques do outro lado do mundo que deveriam apenas ter ido jogar futebol e não tinham nada que se enfiar numa caverna em época de tempestades?"

Uma boa pista da resposta é o fato de que tudo o que nos contavam sobre a caverna Tham Luang em meados de 2018 era real e possível, apesar do que provavelmente dirão os trailers do futuro filme. Nós ouvíamos que nunca na história alguém havia tentado um resgate daquele tipo, e nossa imaginação logo enxergava super-heróis operando milagres. Mas os superpoderes que despertavam nosso interesse eram de pessoas de verdade.

No Brasil, quem acompanhou pela televisão talvez tenha tido a sorte de ver relatos em primeira mão de dois Rodrigos. Carvalho e Alvarez, dois dos melhores repórteres que conheci numa vida em redações; eles estavam lá e contavam para a gente o que presenciavam. Não exatamente o que acontecia dentro da caverna, pois disso todo mundo apenas ouviu falar, mas o que viam fora dela e dava sentido a toda a história, nos fazendo abrir espaço entre nossos problemas e urgências e brigas e dívidas e dúvidas para poder abrigar um pouco de torcida por aqueles meninos. Isso porque, ao respirar o ar tailandês, tocar nos voluntários, beber da mesma água e se molhar na mesma chuva na cidade de Chiang Rai, eles nos representaram, trouxeram tudo até nós e nos levaram até eles para que pudéssemos também experimentar as cores, os cheiros, as texturas e as emoções daquelas pessoas e daquele lugar.

Após o resgate, ao voltar para Londres, onde mora, o jornalista Rodrigo Carvalho trouxe na bagagem algo que não foi capaz de contar nas dezenas de reportagens que produziu na Tailândia. Não foi capaz porque o que voltou com ele ainda não existia naqueles dias. Um evento imenso como esse não acaba; permanece dentro das pessoas e se transforma numa porção de outras coisas. No caso de Rodrigo, o resgate inédito virou um livro com surpresas que o leitor terá a oportunidade de descobrir nas próximas páginas.

De volta à Tailândia para tentar encontrar os meninos fora da caverna, semanas depois, Rodrigo acabou ajudando a proporcionar um encontro entre um deles e uma brasileirinha do interior do Piauí. Graças a essa viagem, Rodrigo também aprendeu quem são de verdade os Javalis Selvagens — o time de futebol que conhecemos durante o resgate apenas como a formação de doze meninos e um técnico.

A experiência rendeu, ainda, lembranças que aparecem como crônicas em alguns momentos do livro. Morte, amizade, infância, futebol... os elementos que guiam esse breve drama tailandês de interesse mundial refletiram em Rodrigo e viraram outras histórias de presente para nós.

O tom é alegre e positivo, com uma sensibilidade capaz de emocionar e fazer rir quase ao mesmo tempo.

A Mario Vargas Llosa, o celebrado autor e jornalista peruano, ganhador do prêmio Nobel de Literatura, é atribuído o seguinte desabafo: "Eu escrevo porque não estou feliz. Eu escrevo porque é uma forma de lutar contra a infelicidade".

Em Rodrigo, vemos o oposto. De tão feliz com as coisas que viu, ele se sentou e escreveu um livro.

O resultado é um registro dos fatos sem firulas e uma viagem despretensiosa com detalhes até então pouco conhecidos sobre o caso que nos cativou. A narração nos faz pensar de novo no resgate impossível e em como nos sentimos quando acompanhamos tudo pela primeira vez.

Por essa leitura, vale a pena abrir espaço no meio dos seus problemas e deixar para amanhã as preocupações que são de lá.

Ernani Lemos, escritor e jornalista — coordenador do Escritório da TV Globo em Londres

Ensaio sobre a agonia

As lanternas ajudavam a enxergar como um corpo definha rápido. No escuro da caverna, a um quilômetro de profundidade, os meninos estavam com os ossos muito aparentes, saltados. Os braços logo murcharam, os rostos afinaram e as perninhas não pareciam de javalis; coxas e canelas tinham quase a mesma largura. O caçula só falava em comida e, quanto mais falava, mais enjoado se sentia. A saliva descia até o estômago vazio e causava enjoo. Franzinos alguns ali sempre foram, mas estavam esqueléticos e também gelados. Um deles, com mais frio, sentou-se com as pernas dobradas junto ao peito e esticou a camisa do time sobre os joelhos. Àquela altura, com o corpo cansado e prostrado, movimentos mais bruscos faziam doer. Principalmente os do pensamento. A escuridão atormentava e o eco não era mais brincadeira.

Eles já estavam ali, defecando e urinando no mesmo lugar, bebendo a água que escorria das paredes, sem comida, amontoados num canto pedregoso, havia nove dias.

Era para ser um passeio de uma tarde. Depois de três horas de futebol, suados e malcheirosos, os doze meninos e o técnico saíram do treino eufóricos: finalmente voltariam à caverna Tham Luang, a maior da Tailândia e uma das mais bonitas da região. Desta vez, iam por uma razão especial: comemorar os dezesseis anos de Pheeraphat Sompiengjai, conhecido nas redondezas como Night. Fazia tempo que o aniversário de um deles não caía num sábado. Explorariam, então, sem pressa, como vinham planejando havia tempos.

Os garotos e o treinador pegaram suas bicicletas modernas e, entre ruas asfaltadas e estradinhas de terra, pedalaram meia hora rumo à paz e à liberdade que procuravam.

A entrada da caverna é alta e larga, como as portas de catedrais. Durante a estação chuvosa, a umidade vira vapor, fazendo a rocha suar e ali parecer a entrada para um novo mundo. Para os tailandeses, em muitos sentidos é.

Na filosofia budista, cavernas ajudam a apaziguar o espírito e a elevar os pensamentos. Na entrada da Tham Luang, duas estátuas recebem os visitantes: um Buda imenso com oferendas aos seus pés e uma misteriosa figura chifruda, que, como veremos mais à frente, se revelaria uma importante aliada.

Os treze estavam de volta a um dos lugares mais incríveis que conheciam. Alguns não comentaram com os pais sobre o passeio, uns por esquecimento e outros de propósito. Vários prometeram chegar em casa no início da noite. Num lugar sem ladrões, largaram bicicletas, chuteiras e mochilas na boca da caverna. Pegaram só as lanternas e, descalços, começaram a aventura. Foram todos engolidos às duas da tarde.

Avançaram cem, duzentos, oitocentos metros. Passaram por grandes galerias, mergulharam em piscinas naturais e atravessaram passagens estreitas, algumas com claustrofóbicos um metro de altura por um e meio de largura. Avançaram mais cem, duzentos, oitocentos metros. Descobriram até uma espécie de praia. Nunca tinham ido tão longe. Por isso, não escutaram o temporal que começava lá fora.

A Tailândia estava na época das monções, quando ventos fortes empretecem o céu de uma hora para outra, com pés d'água quase todos os dias. O pior período é entre julho e outubro, quando, por motivos de segurança, as cavernas dos parques nacionais, como a Tham Luang, ficam fechadas. As visitas em junho são permitidas, mas têm seus riscos. Era dia 23.

O grupo só se deu conta da tempestade quando um deles reparou na intensidade da água que descia pelas estalactites. Preocupados, os meninos apertaram o passo para sair da caverna, mas logo tiveram que parar. O primeiro trecho mais alagado exigia uma habilidade que nem todos tinham: nadar. Sem ter como enfrentar a água, o time se viu obrigado a dar as costas para a saída e recuar cem, duzentos, quantos metros fossem necessários, o mais rápido que pudessem, até encontrar um lugar que parecesse seguro. Foi nesse momento que a caverna ficou diferente, que a tal praia deixou de ser legal, que tudo o que era novo preocupava, que a liberdade e a paz escaparam.

O técnico e os garotos conseguiram se abrigar em uma parte alta, numa gruta menor: uma caverninha dentro da caverna. E lá ficaram, assustados, com seus uniformes largos, esperando o nível da água baixar. O grupo estava nas entranhas da Tham Luang, a dois quilômetros e meio da saída e a um de profundidade.

Os meninos pensaram que tudo se resolveria em coisa de duas ou três horas, que voltariam andando, com a água batendo nas canelinhas e uma boa história para contar.

Sem nada para comer, os garotos de vida simples, mas não miserável, experimentaram a fome e a exaustão. No terceiro dia, já estavam todos sem forças, abatidos, mas nenhum deles tão frágil quanto o caçula, Titan, de onze anos, que ameaçava desmaiar.

Os meninos só não foram dominados pelo pânico graças aos exercícios de meditação organizados pelo técnico-monge, que acalmavam os pensamentos e diminuíam as ansiedades. A capacidade de não pensar em nada era o maior patrimônio dos Javalis dentro daquela caverna.

Ao tentar vencer uma das crises de desânimo, o time decidiu se revezar para cavar uma saída em uma parte de areia seca, num esforço que tinha tudo para levá-los a lugar nenhum. Alguns dias e três metros depois, eles encontraram uma nova parede de pedra e, então, voltaram a poupar energia.

Dificilmente morreriam de sede. O temporal que os encurralou deu de beber na hora do aperto. A chuva forte molhava a floresta, encharcava o solo das montanhas e, por fim, escorria pelas pedras da caverna, matando a sede de todos lá dentro.

Foram mais de duzentas horas sem saber se já eram dados como mortos, se apodreceriam ali, juntos como um time, ou se seriam salvos, como nos filmes. Sem relógio ou luz do sol, perderam a noção do tempo; era sempre noite, havia dias. Não sabiam que, lá fora, quase mil pessoas se mobilizavam no resgate. E que boa parte do mundo os colocava em orações.

Na gruta escura, os garotos nem desconfiavam, mas começava outra segunda-feira. Os camponeses chegavam às plantações de arroz, os feirantes montavam suas barracas com frutas frescas e os vira-latas, aos montes, usavam os olhos para pedir comida e um bom-dia. A cidade estava com uma caverna na cabeça, mas não podia parar. O dia seguiu esquisito, como os nove anteriores; nas conversas de esquina, qualquer riso que escapulia parecia pecado.

Dentro do buraco, os meninos estavam quietos, com frio, e olhavam para a água lamacenta diante deles, como nos nove dias anteriores. De repente, um barulho diferente chamou a atenção do técnico, que pediu silêncio. Na ponta dos pés, um dos meninos chegou mais perto para ver. Era uma luz, que ia ficando cada vez mais forte. Ansiosos, os trezes olhavam fixamente para aquele mesmo ponto. Foi quando dois adultos brancos brotaram da água escura, provocando sorrisos, caras assustadas e uma longa e calorosa sequência de "obrigados", em tailandês e em inglês.

Quando finalmente foram encontrados por mergulhadores britânicos, depois de nove dias, os garotos pareciam filhotinhos de cachorro. Dois carregavam um olhar assustado, de choramingo. Três ou quatro sorriam, meio encantados, como se tivessem acabado de nascer. Vários estavam sentados e com as mãos firmes no chão, tomando cuidado para não escorregar na pedra lisa. Os que se mexeram o fizeram bem devagar. Frágeis, embolados em um lugar apertado, pareciam saudáveis, mas no limite. Devem ter pensado na família, no Buda e, depois, na comida que os mergulhadores prometeram que chegaria no dia seguinte.

Naqueles minutos preciosos em que um deles conversava em inglês com os dois homens de roupa preta e cilindro, a maioria ficou de cabeça baixa, perdida na conversa, como se não quisesse saber de mais nada além de quando finalmente sairiam dali. Alguns acreditaram que seria naquele mesmo instante. Não tinham a mínima ideia da complexidade da operação, nem de que poderiam ficar ali dentro por mais alguns meses, talvez três ou quatro, até que a temporada de chuva acabasse.

Por pelo menos alguns segundos, imagino que você, querida leitora ou querido leitor, também tenha ficado preso naquela caverna ao lado dos doze magrinhos e do técnico-monge, donos de uma história que, em meio a tantos estímulos, nos fez parar e lembrar, dia após dia, que o outro existe.

No caso deste repórter, o imaginário conversava com a realidade o tempo inteiro. Alimentado, no conforto da cama do hotel, depois de um longo dia de trabalho, meu corpo relaxava, mas a cabeça girava, girava... E, sem que eu precisasse pedir, me levava direto para o fundo da caverna.

Será que tem alguém chorando agora? Eles têm conseguido dormir pelo menos um pouco? Em quem cada um pensa para buscar forças? E se chover de novo esta noite? Será que falam sobre a morte?

Com o pensamento na caverna, emburaquei no celular madrugadas adentro. A meio palmo dos olhos arregalados, a tela me via buscar palavras-chave: "chuva Tailândia julho"; "tempo sobrevivência sem comida"; "resgate caverna riscos"; "morte afogamento".

Colocar-se no lugar dos meninos era uma forma de visitar medos e angústias, de sofrer com eles, por eles, e de dormir imaginando o pesadelo de acordar e ter que contar ao Brasil que um dos garotinhos tailandeses tinha morrido.

Menos de um mês depois, em uma viagem para este livro, eu estava abraçando os meninos, rindo com eles, conhecendo melhor cada canto da província onde viviam, conversando com moradores, voluntários e monges e entendendo por que essa não é apenas a história de um resgate fantástico.

O Menino Sem Pátria

Depois de juntarem dinheiro e coragem, esposa e marido saíram de casa para tentar uma vida decente no país ao lado. Deixaram para trás a violência, a pobreza e a instabilidade do lugar onde nasceram. A mãe carregava um filho dentro da barriga e outro pelo braço. Do topo da montanha no leste de Mianmar até a fronteira com a Tailândia, os quatro levariam um dia inteiro viajando. Desceram a serra, cruzaram vilarejos, cidades abafadas, pararam para comer, descansaram um pouco e seguiram em frente. Fizeram a maior parte do caminho de ônibus, mas não andaram pouco.

O menino fora da barriga, então com quatro anos, era Adul Salm-on, um dos milhares de refugiados do Sudeste Asiático, que, dez anos depois, com todo o seu inglês básico, seria o porta-voz dos garotos presos na caverna Tham Luang, aliviando milhões de pessoas, muito além da Tailândia e de Mianmar.

Até se tornar conhecido no mundo inteiro, Adul pertencia oficialmente a lugar nenhum.

A família chegou à Tailândia, como tantas outras, em busca de um futuro de paz e liberdade para o menino, filho de uma dessas crises que, a rigor, não interessa ao resto do mundo. Antiga colônia britânica, antes chamada de Birmânia, Mianmar é um país conhecido pelos templos dourados, pelos vilarejos encravados em montanhas de até cinco mil metros de altura e pelos históricos confrontos entre o exército nacional e o grupo étnico rebelde do Exército Unido do Estado de Wa (UWSA). Além de conflitos locais como esse, de 1962 a 2011 todo o país viveu um período de repressão, violência e intolerância política e religiosa. A ditadura militar alimentava uma instabilidade que fez milhares de pessoas emigrar sem que tivessem ideia de qual direção seguir quando atravessassem a fronteira.

Ao cruzar a ponte sobre o rio Ruak e finalmente pisar na Tailândia, em 2008, a família de Adul tentou buscar apoio em alguma igreja evangélica, onde se reconheceria e, quem sabe, poderia ser acolhida. Pai, mãe e filhos logo receberam a indicação de uma igreja que ficava em um povoado acanhado, ali mesmo, em Mae Sai, a primeira cidade tailandesa depois do controle de passaportes. A igrejinha, da mesma idade de Adul, construída no final de uma rua asfaltada, à esquerda, quase no meio de um terreno cinco ou seis vezes maior do que ela, estava com o portão aberto. A família foi recebida por um pastor de trinta e poucos anos, um sujeito atencioso, mas objetivo, de poucas palavras, que não demorou a dar a melhor das notícias: o menino poderia ficar em um dos alojamentos, onde já moravam outras quinze crianças "adotadas" por ele. Os pais se apertariam em um dos quartos, mas provisoriamente, até que arrumassem trabalho.

"A mãe do Adul já estava com uma barriguinha", lembra o pastor Go Shin Muang, que administra a igreja até hoje. "A Tailândia sempre foi uma boa opção para o futuro das crianças de países vizinhos, mais pobres e instáveis. Naquela época, uns dez anos atrás, com o governo militar em Mianmar, a situação aqui era bem melhor do que a do nosso vizinho. E não só as coisas aqui na Tailândia estavam melhores, mas também em Cingapura, na Malásia, qualquer outro lugar parecia mais promissor do que Mianmar. Lá, as crianças crescem e não conseguem emprego. Aqui tem mais oportunidade", contou.

Com pouco dinheiro e nenhum contato na cidade, os pais de Adul não conseguiram trabalho e, em pouco tempo, apenas algumas semanas depois, voltaram para as montanhas de Mianmar sem o filho, mas com a sensação de dever cumprido por terem deixado o menino com um pastor que parecia sério, num lugar aparentemente seguro e confiável. Assim, o garoto foi crescendo e criando sua visão de mundo longe da família, mas sob os valores que os pais tanto prezavam, ao lado de crianças que tinham a igreja como casa e o pastor como pai. Adul recebia visitas de um ou outro parente com alguma frequência e, anos depois, uma tia passou a morar perto da igreja, se tornando uma referência importante. Com o pai e a mãe, porém, ele raramente encontrava e conversava menos do que gostaria. A casa da família em Mianmar, além de longe da igreja, fica em uma região extremamente pobre, onde nem sinal de telefone há.

"Temos conseguido nos organizar e, com a ajuda da comunidade, oferecer o que essas crianças precisam: levamos todas à escola, pagamos as taxas, o material escolar, damos comida, tudo", diz o pastor.

A rotina de Adul, hoje com catorze anos, é regrada, com horário para tudo. Ele, as crianças e os adolescentes que moram na igreja levantam às seis da manhã e varrem toda a área comum. Às 6h45 leem um trecho da Bíblia e rezam juntos, à mesa. Adul ajuda a servir o café da manhã, sempre às sete horas. Assim que terminam as tarefas, uma van já os espera na porta para levá-los ao colégio. De tanto insistir, os mais velhos às vezes vão de bicicleta ou na garupa de algum vizinho. As motos barulhentas estão por todos os cantos, nem sempre pilotadas por adultos. Também não chega a ser difícil ver quatro humanos sem capacete na mesma lambreta: um pai ou uma mãe com três pequenos grudados no guidão, quando, não raro, há um cachorro assustado e espremido no meio.

Dependendo do dia, Adul sai da escola e vai direto para o treino dos Javalis Selvagens ou volta para a igreja-casa, onde faz aulas de violão, guitarra, piano e bateria e gosta de ficar no computador ou no celular, sempre com os amigos. Por volta das dez da noite, meninos e meninas se dividem em dois quartos grandes, construídos atrás da igreja, cada um com quatro beliches. Essa área, em uma parte mais baixa do terreno, tem também um banheirão com quatro cabines, uma lavanderia e dois varais que formam um *xis* no pátio central. Uma rotina simples, melhor que a de milhares de vizinhos em Mianmar.

O país de origem de Adul saiu da ditadura, mas ainda está longe da estabilidade, em meio a um delicado processo de transição democrática. Além disso, Mianmar enfrenta hoje uma crise de violência que inverte o senso comum: muçulmanos são perseguidos pelo radicalismo budista — que mata, incendeia propriedades e já empurrou centenas de milhares para fora do país. Numa lógica nazifascista, monges fundamentalistas defendem uma "pureza racial", prolongando uma crise humanitária que se arrasta há quase dez anos, essa, sim, com razoável destaque na mídia ocidental.

Os muçulmanos perseguidos em Mianmar são os Rohingyas, uma minoria que vive no Arracão, o estado mais pobre do país, bem perto da fronteira com Bangladesh — um povo que a ONU já definiu como "sem amigos e sem terra". Já os budistas representam 90% da população e controlam as principais instituições desde que o país se tornou independente do Reino Unido, em 1948. A perseguição religiosa está associada à ação de um grupo nacionalista conhecido como Movimento 969. O primeiro nove é uma referência às virtudes de Buda; o seis, aos atributos do Darma, uma lei cósmica que virou referência para o hinduísmo; e o último nove representa as nove características do Sanga, a ordem religiosa budista. O discurso político do grupo traz a religião para o primeiro plano, com uma repulsa à "islamização" do país. Quando não há violência física, a perseguição se dá de outras maneiras, como na cobrança de aluguéis exorbitantes para os muçulmanos, o que os força a dormir nas ruas ou em acampamentos isolados.

O monge Ashin Wirathu se tornou o rosto desse movimento anti-islâmico, "a face do terror budista", como descreveu a revista norte-americana *Time*, na edição de julho de 2013. Wirathu chegou a defender, sem sucesso, uma lei que proibia o casamento entre mulheres budistas e homens de outras religiões, a "lei de proteção à raça nacional". Oficialmente, o movimento se diz "absolutamente contrário" à violência, mas seu discurso dúbio tem servido de combustível para um método de extermínio não só em Mianmar, mas também no Sri Lanka e na própria Tailândia. Só em setembro de 2017, em um intervalo de três semanas, 400 mil Rohingyas fugiram de Mianmar para Bangladesh. Assustado, Adul fica atento às notícias, preocupado com o futuro da mãe e do pai, que fazem parte dos 1,2% de cristãos do país. A perseguição, por enquanto, se concentra nos 5% de muçulmanos.

Por ter saído tão cedo de Mianmar, Adul é considerado um dos 400 mil apátridas na Tailândia, sendo a maioria deles de tribos nômades e de grupos étnicos que vivem próximo à fronteira de Laos e do sudeste da China. Sem certidão de nascimento, identidade ou passaporte, essas pessoas não podem se casar, trabalhar, abrir uma conta bancária, adquirir bens ou votar. Elas têm acesso apenas a alguns direitos básicos, como educação e saúde. Muitos dão entrada nos documentos tailandeses e encaram um processo burocrático que nem sempre se resolve no tempo de uma vida. Outros tantos se veem resignados diante da marginalização, evitando chamar a atenção das autoridades. A história da caverna, porém, fez com que esse problema ecoasse pelo mundo. Rapidamente virou notícia que, além de Adul, outros três sem pátria estavam lá dentro: Mongkol Boonpium, o "Mark", de 14 anos, Phornchid Kamluang, o "Tee", de 16, e o treinador Ekkapol Chantawong, o "Ake", de 25. Pressionado, o governo da Tailândia prometeu registrar todos os apátridas residentes no país até 2024 e garantiu que avaliaria o caso dos Javalis tão logo eles saíssem da caverna.

Na igrejinha que virou a pátria de quinze meninas e meninos refugiados, o pastor conta que sempre teve um carinho especial pelo "da caverna". "O Adul é como um filho. É um menino diferente, que tem um bom olhar e adora aprender, estudar. Ele fala que quer ser médico. A vida dele não é só futebol. Ele estuda música, gosta de outras línguas... E eu estou reforçando o inglês de todos eles aqui na igreja", conta o pastor, que teve uma grande prova de que vem fazendo um bom trabalho.

"*How many of you* (Quantos vocês são)?", perguntou um dos mergulhadores britânicos ao encontrar o grupo, falando mais alto que o normal e articulando bem cada palavra.

"*Thirteen* (treze)", respondeu Adul, que foi traduzindo a conversa para os amigos e, em inglês, perguntou o que todos ali queriam saber:

"Nós vamos sair hoje? (...) Estamos com fome."

O menino poliglota, que também arranha mandarim, não avisou a ninguém na igreja que ia à caverna naquele 23 de junho. "Eu não sabia do passeio", contou mais tarde o pastor. De bicicleta, Adul saiu cedo para o treino e demorou quase vinte dias para voltar.

"Todos nós ficamos muito preocupados. Paramos tudo o que estávamos fazendo e começamos a orar, juntos. Era a maneira que tínhamos de ajudar", diz o pastor, pouco antes de fazer uma revelação: "Depois, conversando com o Adul, chegamos à conclusão de que ele ficou mais preocupado comigo do que eu com ele, sabia? Perguntei a ele: 'No que você mais pensava dentro daquela caverna, meu filho?'. E sabe o que ele respondeu? 'Em como você devia estar precisando da minha ajuda'".

No dia em que os meninos tiveram alta, o pessoal da igreja do Adul preparou uma festa surpresa para ele. Umas cinquenta pessoas, a maioria mulheres e crianças, o esperavam com sorrisos, balões e celulares na vertical. Já era noite quando a van branca da prefeitura virou a esquina, ganhou a rua e fez o povo do vilarejo pacato e silencioso começar a gritar. Três menininhas no alto de seus cinco ou seis anos eram as mais eufóricas. Agitadas, elas pulavam e giravam, como fazem as crianças em pistas de dança. Quando Adul desceu da van, o milagre ganhou forma: magrinho, o menino estava de volta à igreja onde vive. Foi a deixa para um rapaz animado puxar o coro e um outro levar no violão: "Aleluuuia, Aleluuuia....", cantavam as cinquenta pessoas ali reunidas.

O primeiro abraço do menino foi no pastor; apertado, longo, daqueles para sentir bem a presença e o cheiro do outro.

Quando a alegria foi para dentro da igreja, Adul assumiu o violão em uma festa regada a louvor, música e frango frito.

Numa das cartas que escrevera na caverna, o menino disse que estava com desejo de comer um franguinho crocante, iguaria facilmente encontrada nas esquinas de Chiang Rai. Pois quem se mexeu para realizar o desejo não foi o pastor, nem a tia, nem a mãe, que estava lá para receber o filho, mas uma sagaz jornalista americana. A festa na igreja começaria às oito da noite. Às oito da manhã, a repórter chegou com baldes de frango frito para satisfazer a vontade dele e também a dela de gravar uma reportagem exclusiva. Ninguém se incomodou com a presença da mulher e dos frangos. Assim que Adul pisou na igreja, os olhos do menino bateram direto na comida. Ele riu e, diplomaticamente, deu uma mordida num pedaço gelado, que já o esperava havia doze horas. E agradeceu como se nunca tivesse comido frango melhor.

Tive a sorte de conhecer pessoalmente a sensibilidade de Adul em um culto na Igreja da Graça de Mae Sai.

Entrar descalço em ambientes fechados não é uma tradição budista, mas de toda a Ásia. Por uma questão de higiene e respeito, aprende-se desde cedo a deixar chinelos e sapatos do lado de fora, hábito já adotado em muitos lares ocidentais, como o deste autor. Na Tailândia, o costume estende-se a templos, salas de aula, restaurantes, algumas lojas e até hotéis. Na porta da igreja, 28 pares de sandálias coloridas, todas tipo Rider, esperavam seus meninos e meninas acabarem de cantar e rezar. Era sábado à noite, dia do encontro semanal da juventude cristã do bairro.

Eu estava acompanhado de Bruno, um missionário brasileiro que dá aula em uma escolinha de futebol da cidade, já treinou o Adul e acabou ficando amigo do menino. Bruno vive no norte da Tailândia há seis anos e voltará com toda a família em outros capítulos deste livro.

Chegamos cedo à igreja. O pastor já havia me dito que, apesar de saber que Adul sempre foi muito pé no chão e equilibrado, preocupou-se em como ficaria a cabeça do "filho" depois dos dias de agonia na caverna.

"Pensei que ele pudesse estar com algum tipo de trauma, com um comportamento diferente, mas está bem, por isso não vejo problema em vocês conversarem um pouco", disse

Muang. "Percebemos que Adul vem conseguindo se concentrar nos estudos e que está puxando os assuntos de sempre, ou seja, com a mesma personalidade. Eu e minha esposa falamos para ele: 'Você agora está muito popular. Precisa continuar estudando e levando uma vida normal. Se ficar deslumbrado, pode ter problemas na escola e demorar a se formar'."

No dia em que fomos ao culto, Adul chegou um pouco atrasado e se juntou ao grupo da igreja já quase no fim da cerimônia. Em determinado momento, para nossa surpresa, Bruno e eu fomos convidados por outro pastor, mais jovem, a falar algumas palavras para a juventude evangélica daquele vilarejo tailandês. Eu disse que era um prazer ver a fé deles, as brincadeiras, o jeito de falar, e, assim, entender melhor a vida que se leva "na cidade dos Meninos da Caverna". Quando comentei que estava escrevendo um livro sobre a história que tanto tinha mexido comigo e com milhões de brasileiros, alguns arregalaram os olhos, outros se cutucaram e duas meninas, meio no susto, soltaram um gritinho. Por fim, confessei que ouvi-los cantar naquela última hora tinha me feito viajar de volta à infância no Brasil. Adul estava no cantinho dele. Ali, ele era só mais um menino em meio a tantos outros. Talvez estivesse agradecendo pelo presente que ganhara no dia anterior: o documento de cidadão tailandês. As carteirinhas também tinham sido entregues a Mark, Tee e ao técnico Ake. A iniciativa das autoridades tailandesas foi elogiada pela Agência da ONU para Refugiados (Acnur). "Celebramos o esforço da Tailândia e chamamos todos os Estados que abrigam populações apátridas a combater esse problema. Essas pessoas enfrentam uma vida de incertezas. Ao conceder cidadania a esses meninos e ao treinador, a

Tailândia lhes deu a chance de sonhar com um futuro melhor", declarou uma assessora da organização.

Quando o culto acabou, Bruno me apresentou ao mais novo tailandês do pedaço. Adul é um doce, sereno, sorridente, olho no olho, a cara da província onde mora. Disse que estava doido para voltar a jogar bola, mas que ainda esperava pela liberação do médico. Parecia saudável, estava até cheinho, embora fizesse só três semanas que tinha saído da caverna, frágil e magricelo. Falei que o Brasil acompanhou com muito carinho a história do resgate e que eu, como jornalista, tinha a chance de fazer com que uma mensagem dele chegasse a um grande número de pessoas. Reproduzo aqui as palavras do Javali querido:

"Obrigado! Obrigado a todos que rezaram por mim. Quero dizer que eu amo Jesus. Muito obrigado, muito mesmo. Deus abençoe a todos!"

Conversamos mais um pouco, tiramos fotos, falamos de futebol... Eu estava especialmente radiante porque sentia duas felicidades. É que ainda não contei: eu via tudo com os meus olhos e com os olhos de uma menina linda do interior do Brasil, que merece um capítulo só para ela.

A Menina do Piauí

No escuro de seus quartos, sensíveis que são, meninas e meninos do mundo inteiro, especialmente os da idade dos Javalis, colocaram-se no lugar dos amigos tailandeses. Por alguns instantes, de olhos fechados, experimentaram a agonia que deve ser passar quase quatrocentas horas no breu, sem comida, dormindo quase nada e bebendo pingos d'água.

"Numa noite, meu filho teve uma crise de pânico e ficou falando alto, nervoso: 'Mãe, por que Deus não salva esses meninos? Por que Deus não faz isso?! Eles devem estar com falta de ar, mãe'. Só se falava disso aqui em casa", me contou uma brasileira que mora em Bangkok.

Impressionados com a história, imagino que muitos meninos e meninas devam ter insistido para — "por favor, só hoje, prometo" — dormir ao lado dos pais. No calor daquele pedacinho de cama que se abre na madrugada, posso apostar que conseguiam acalmar um pouco os pensamentos.

Entre os milhões de crianças que estavam na caverna tailandesa, uma delas era eu, outra você, querida leitora ou querido leitor, e tínhamos a companhia de uma menina linda — pois pense em uma menina linda — da comunidade quilombola de Salinas, na zona rural da pequena Campinas do Piauí, a quatrocentos quilômetros de Teresina. É um Brasil que não tem internet em casa; Wi-Fi, só na única escola do povoado. O sinal de telefone é muito fraquinho. Nem ônibus chega lá. Isso tudo, porém, é o de menos, porque Maria Eduarda da Silva, a Duda, de oito anos, vive com a família num Brasil onde a água não presta. Duas ou três vezes por mês, o açougueiro Leonício da Silva, seu pai, tem que ir até Simplício Mendes, o município mais próximo, a 22km de Campinas do Piauí, para tentar arrumar umas garrafas de água boa, potável. A de Salinas não serve para beber e, sob o risco de contaminação, é usada para lavar louça e tomar banho. Esse Brasil profundo reclama do poço.

"A gente tinha um poço aqui, mas a água era muito salgada. Cavaram outro, mas a água também não é muito boa. Quando a gente bebe, vem um gosto estranho. Não é agradável, não mata a sede da gente", explica Carlene, mãe de Duda. "Os políticos prometem cavar outros poços. A gente ainda tem esperança de que isso um dia vá se resolver."

Onde se tem tão pouco, dá-se um jeito de ser feliz celebrando até aniversário de coelho. Quando completou um ano na família de Duda, Pipo viu seu nome escrito na parede, ganhou parabéns, assoprou vela e comeu bolo de cenoura.

O povoado de Salinas tem sorriso negro e dança samba de cumbuca, ritmo nascido nas senzalas, símbolo maior da comunidade. A pisada firme na terra seca é ao som do chacoalho de canecos cheios de sementes de milho e feijão, e do batuque em tambores de couro e madeira, e também em outros feitos de cabaça, uma planta nativa. A palma da mão ajuda a levar. Enfileirados, os casais dão ritmo à batida dos pés e vão avançando, em círculo. Os homens conduzem as mulheres, que giram e cantam alto, rodando as saias. Vez ou outra, o primeiro casal abre mão da dianteira e vai para o final da fila. E segue o batuque na roda viva... Emendam uma música na outra por três, quatro, cinco horas. Isso é quando tem festa. Na solitária rotina do trabalho, no campo ou em casa, muitos cantarolam versos e batem pé no chão que houver:

Piabinha de lagoa
piaba-ê, piaba
Paturi avoador
piaba-ê, piaba
Vou-me embora, vou-me embora
piaba-ê, piaba
Porque já disse que vou
piaba-ê, piaba
Se fosse forro*, não ia
piaba-ê, piaba
Como eu sou, cativo eu vou
piaba-ê, piaba
Menino dos olhos d' água
piaba-ê, piaba
Me dê água pr'eu beber
piaba-ê, piaba

---

* Expressão local que significa o mesmo que "alforria".

Não é sede, não é nada
piaba-ê, piaba
É vontade de te ver

Duda cresce nesse Brasil abastado em cultura, orgulhoso de suas origens.

Salinas decidiu se organizar melhor em 1997, quando nasceu a Associação de Moradores e Pequenos Produtores Rurais da Comunidade Quilombola de Salinas e Adjacências. A identidade do grupo se fortaleceu. Depois, em 2009, mais um passo importante foi dado com a criação do projeto Ponto de Cultura Cumbuca de Quilombo, com aulas de africanidade e oficinas de dança, capoeira, pintura em tecido, artesanato com sementes e fabricação de instrumentos.

Nos mandatos do ex-presidente Lula, um decreto federal estabeleceu que comunidades de todo o país que se reconhecessem como quilombolas teriam direito a benefícios: de descontos na conta de luz a prioridade em programas sociais, como o Minha Casa, Minha Vida. O grupo ganhou editais de cultura e, patrocinado pela Petrobras, chegou a se apresentar em Fortaleza, Brasília e Recife, onde foi homenageado com a medalha da Ordem do Mérito Cultural Brasileiro.

O esfacelamento do governo de Dilma Rousseff e da política do país como um todo voltou a isolar comunidades quilombolas como a de Salinas, pedaços da memória do Brasil.

A tataravó de Duda, Úrsula Maria do Espírito Santo, foi uma das escravas que, fugidas, fundaram entre 1837 e 1843 o povoado às margens do riacho de água salobra, o Riacho da Salina, onde hoje vivem 120 famílias. De parteira, vieram ao mundo os bisavós e os avós de Duda. Mais recentemente, no hospital de uma cidade próxima, chegaram os pais e, finalmente, a menina tímida e sensível que fez nascer este capítulo.

Duda chora pelos outros como se chorasse por ela. Foi assim quando soube da história dos magrinhos tailandeses.

Sem internet, Salinas se informa pela TV. A menina zapeava os canais procurando pela Tailândia e assistia às reportagens com os olhos cheios d'água, como se dentro da caverna estivesse o primo Talisson, que ela tanto ama. Entre um telejornal e outro, restava imaginar e rezar. Católica como todos na família, Duda dedicava um Pai Nosso e uma Ave Maria aos Meninos da Caverna — no quarto, quase sempre sozinha, todas as noites, por uma semana. Nos dias em que se sentiu mais aflita, pediu que a mãe ficasse por perto até que ela conseguisse dormir. "Continue pedindo bastante a Papai do Céu, minha filha", aconselhava Carlene.

No quarto de parede rosa, onde vive com outras dez bonecas, Duda pediu tanto, mas tanto, que foi atendida. O resgate dos meninos fez tão bem à vida da menina que ela encasquetou em escrever uma carta para os magrinhos.

Certo dia, sentou-se à mesa da sala, onde a mãe, professora, costuma corrigir provas, e colocou para fora o que estava sentindo, em palavras e desenhos. Ao acabar, escreveu: "Endereço: Tailândia". Pronto, sua parte estava feita. Duda, então, delegou à tia Cristina a descomplicada tarefa de fazer a cartinha chegar aos meninos.

Cristina vive em Oeiras, cidade grande comparada à Salinas, a uma hora e meia de carro. A irmã de Duda, Maria Isabel, mais velha, mora com a tia — foi atrás de uma formação melhor. Duda é apegada às origens, prefere a vida no interior, e diz que de lá não sai.

"A Duda nasceu no dia das mulheres, no Dia Internacional da Mulher, e eu acho que ela trouxe uma coisa da mulher forte, guerreira, de personalidade firme", diz a tia orgulhosa.

Ao receber a incumbência da sobrinha caçula, Cristina tratou de ir logo ao posto dos Correios, mas tomou um susto quando descobriu o valor do envio: R$113 para a carta chegar em três dias, o mais rápido possível, como Duda tanto desejava. Era muito dinheiro para a família Silva. Com cinquenta e poucos reais, a entrega seria feita em quinze dias. Gastando apenas R$17, a cartinha levaria intermináveis 26 dias até o destino. Virou o assunto da família. Todos queriam que as palavras da menina viajassem logo. Vó Francisca pensou, fez uma continha rápida e disse que conseguiria os R$17 do envio barato e demorado. Decidido: tia Cristina arrumaria outro jeito.

Enquanto Duda rezava no quarto rosa, a tia abria caminhos pela internet. Buscou "brasileiros na Tailândia" no Facebook e encontrou uma página com 17 mil pessoas. Mandou uma mensagem despretensiosa para a administradora, explicando a história. Foi quando tudo começou a andar. Fabiane mora há seis anos em Bangkok, com o marido e o filho, e conhece o Bruno, morador da cidade dos Meninos da Caverna e amigo de um dos Javalis, o Adul.

Na semana em que voltei à Tailândia, vinte dias depois do resgate, Bruno comentou comigo que estava, já havia alguns dias, com a missão de entregar uma cartinha de uma menina brasileira a um dos Javalis Selvagens. "Como assim?", perguntei, querendo ouvir de novo, sentindo o cheirinho de história boa. Estávamos no meio de uma área verde, ao som das cigarras, voltando do parque nacional onde fica a caverna Tham Luang. Empolgados, combinamos de tentar entregar a carta já no dia seguinte, quando iríamos à igreja do Adul para falar com o menino.

Imprimimos uma cópia da cartinha de Duda e colocamos num envelope branco. Na frente, escrevemos:

De: Duda
Para: Adul

Naquela noite de sábado, Bruno e este repórter-carteiro cumpriram a missão: a carta foi entregue em mãos para Adul. Ao abrir e ouvir a tradução de cada palavra, o menino da caverna sentiu todo o carinho da menina de Salinas. Eu estava ali com os meus olhos e com os olhos de Duda, e todos esses olhos estavam emocionados. Derretido, Adul abriu um sorriso largo. E tem como não adorar as palavras abaixo?

Salinas, 15.07.2018

Olá! Estou muito feliz porque vocês todos estejam bem agora. Eu fico imaginando eu no lugar de vocês deveria ser um sofrimento eu rezei e pedi ao papai do céu para todos vocês focem protegidos com o seu amor. Então é isso estou muito feliz. Eu e minha família fiquemos muito felizes porque vocês estão bem agora. Então é isso.

Tchau!!!

Maria Eduarda

No dia seguinte ao culto na igreja de Adul, ganhei do técnico dos Javalis Selvagens uma camisa do time. Mandei para o Brasil. Endereço: Salinas.

RELIGIOSIDADE
DENTRO E FORA DA CAVERNA

COMO OS GAROTOS E O TREINADOR se mantiveram concentrados e esperançosos durante quase quatrocentas horas dentro de um buraco escuro e gelado? Antes de os mergulhadores britânicos aparecerem, o que se passava pela cabeça dos Javalis? O que mais os consumia mentalmente era a possibilidade da morte lenta, de fome, ou será que pior ainda era pensar no risco de afogamento, se o nível da água subisse de repente? Com que frequência imaginavam o desespero dos pais? Jovens que eram, será que foram tomados também pela mera aflição de não saberem, àquela altura, quem ainda sobrevivia na Copa da Rússia? Talvez tudo isso tenha agitado a cabeça dos meninos tailandeses. O certo, porém, é que em muitos momentos eles fecharam os olhos, tentaram achar uma postura confortável para o corpo cansado, respiraram fundo e pensaram em absolutamente nada.

A leveza da meditação pode exigir um esforço descomunal, ainda mais quando se está em uma gruta há dias sem comer, ouvindo apenas o ronco das barrigas e o lamento do colega ao lado. Mas, na desventura da caverna-prisão, os meninos tiveram a sorte de estar com o único professor, entre os três da escolinha dos Javalis Selvagens, habilidoso no controle do pensamento: Ekkapol Chantawong, que será chamado neste livro de Ake, como é conhecido por todos na província de Chiang Rai.

O técnico acostumou-se a grandes perdas desde cedo: primeiro a mãe, quando ainda era bebê, depois, o pai, aos dez anos, e logo em seguida o irmão. Como a maioria dos adolescentes órfãos na Tailândia, Ake se agarrou ao budismo, religião de 95% do país. Seguiria a vida em um monastério (ou mosteiro) de outra província, onde seria acolhido e estudaria para se tornar monge. A escolha dele, tão jovem na época, está ligada a uma tradição tailandesa que ainda se mantém viva em províncias menores. Antigamente, em todo o país, os monges budistas eram os professores da comunidade. Para educar uma filha ou um filho bastava mandá-lo a um monastério. Lá, a criança conviveria com os monges e aprenderia com eles história, caligrafia, matemática e a ler e escrever. Os templos equivaliam a escolas e igrejas. Hoje exercem esse papel principalmente no interior do país, para crianças de famílias pobres e jovens órfãos. O monastério ainda é a base de muitos desamparados, uma garantia de teto, educação, comida e espiritualidade.

Durante os dez anos em que se dedicou exclusivamente à filosofia budista, Ake viveu como todo e qualquer monge: à base de doações, orações e silêncio. Sentiu-se em paz, enxergou um propósito e, de tão conectado, pouco voltava à sua cidade natal, indo até lá vez ou outra para visitar parentes e alguns amigos. Mais tarde, porém, Ake se viu obrigado a abandonar o monastério: a avó dele estava cada vez mais fraca e dependia de ajuda.

Na volta à cidadezinha de Mae Sai, Ake acabou realizando um sonho de garoto que o ajudaria a encarar essa fase difícil: conseguiu uma vaga de professor-assistente em uma escolinha de futebol, a dos Javalis Selvagens. Aos 25 anos, ele se revezava entre treinar uma dúzia de meninos que tinha como filhos e cuidar da avó com remédios, banho e carinho.

Ainda que a meditação não esteja necessariamente ligada à prática de uma religião, foi na época em que abraçou o budismo que Ake aprendeu a técnica de serenar os pensamentos. "Ele consegue meditar direto por até uma hora", garantiu, orgulhosa, uma tia do treinador aos jornalistas que acompanhavam o resgate. "Com certeza isso está mantendo o time calmo", completou. Ajudava o grupo e, claro, a ele próprio. Era uma forma de aliviar a culpa que sentia.

Na primeira carta que escreveu dentro da caverna, Ake pediu desculpas aos pais dos meninos, que, lá fora, já o perdoavam.

"Se ele não tivesse ido junto com os garotos, o que teria acontecido com o meu filho?", perguntou-se a mãe de um deles em entrevista a uma emissora de TV tailandesa. "Quando ele sair, precisaremos curar seu coração. Meu querido Ake, eu jamais o culparia", disse a mulher.

A reação das famílias, que conheciam o técnico pessoalmente e sabiam o quanto ele era querido pelos Javalis, surpreendeu a cabeça confusa do Ocidente. Em outros países, o treinador provavelmente teria sido massacrado nas redes sociais por ter levado menores de idade à caverna; na saída, conselheiros tutelares o esperariam ao lado de promotores disso e daquilo para que Ake começasse uma vida de explicações. Na Tailândia, porém, não foi assim. A visitação à caverna não era proibida, os meninos já conheciam o lugar e o contrato de confiança com o treinador não exigia assinatura. Na outra cartinha que escreveu quando ainda estava preso com os meninos, essa só para a família, o técnico-monge mandou um beijo grande para a avó e pediu que ela ficasse tranquila.

No fundo da caverna, meditar com fome alimentou o lado certo da mente e evitou o pânico. Pensamentos agitados nos fazem gastar mais energia. A prática da meditação diminui a frequência cardíaca e respiratória, exigindo menos do metabolismo. Um cérebro sossegado, em um modo mais brando, ajuda muito em casos extremos como o dos meninos. Os garotos budistas meditavam com o treinador várias vezes ao dia, todos eles:

Chanin Wiboonroongrueng, conhecido como Titan;
Duangpetch Promthep, o Dom;
Sompong Ji Wong, o Pong;
Mongkol Boonpium, o Mark;
Panumas Saengdee, o Mix;
Pipat Phothai, o Nick;
Ekkarat Wongsookchan, o Bew;
Peerapat Sompiengjai, o Night;
Prajak Sutham, o Note;
Nattawoot Thakamsai, o Tle;
e Phornchid Kamluang, o Tee.

Adul, o menino cristão, participava à maneira dele: rezava a Deus e, em pensamento, cantava as músicas da igreja onde morava.

Cientificamente falando, seria um exagero afirmar que os ensinamentos do técnico-monge salvaram a vida dos Javalis, já que se pode passar muito mais do que dez dias em jejum, meditando ou não. Em 2006, o estudante japonês Mitsutaka Uchikoshi se perdeu ao escalar um monte com os amigos, no leste do Japão, e ficou 24 dias sem comida. Ao ser encontrado, estava quase sem pulsação e com uma temperatura corporal de apenas 22 ºC. Outro caso emblemático aconteceu em 1991, quando o australiano James Scott, então com 22 anos, se perdeu ao fazer a travessia do Nepal até o Himalaia. Ele sobreviveu 43 dias bebendo a água que derretia de bolas de neve e comendo bem aos poucos, racionando, pedacinhos de uma lagarta magra que cruzou seu caminho. Outras pessoas, sabemos, escolhem jejuar — em defesa de uma causa ou simplesmente para entrar no Livro dos Recordes, o *Guinness Book*, em que aparece o nome do ilusionista carioca Erikson Leif, que passou 51 dias, 22 horas e 30 minutos sem comer. Ele entrou em uma cabine de vidro com 103kg e saiu com 78,5kg. Às vezes, porém, o jejum é por motivos mais nobres. Em 1932, em protesto à opressão do Reino Unido contra a Índia, que na época ainda era colônia britânica, Mahatma Gandhi ficou 21 dias sem se alimentar.

O tempo de sobrevivência depende da temperatura externa e da reserva energética de cada um. Os magrinhos tailandeses não aguentariam muito, mas certamente seriam capazes de suportar bem mais do que os dez dias que ficaram sem comer.

Especialistas dizem que, ainda que o treinador não tenha literalmente salvado a vida dos meninos, é razoável concluir que, sem a prática da meditação, dificilmente os Javalis teriam sido encontrados naquele estado de tranquilidade, alguns até sorridentes, sem relatos de descontrole ou paranoia. Mais do que isso: não teriam saído com a força mental que apresentaram ainda no hospital, sem indícios de que uma experiência com tamanho potencial traumático se transforme em algum tipo de perturbação. Esse gol é do técnico. E não é pouca coisa.

A meditação budista existe há 2.600 anos e nasceu como ferramenta para alcançar clareza, paz de espírito e, em última instância, a libertação do sofrimento. Para além da crença na religião, a técnica hoje é amplamente conhecida por amenizar ou até curar sintomas de depressão, ansiedade e estresse. Em um mundo que cientistas já diagnosticaram sofrer de uma grave crise de saúde mental, a meditação ganhou milhões de adeptos, muitos através de aplicativos com um cardápio variado de mantras e barulhinhos de natureza. Em 2015, o mercado de *mindfulness* movimentou mais de US$ 1 bilhão só nos Estados Unidos.

Existem várias técnicas de meditação, com diferenças sutis de estilo. A tradição na Tailândia é o uso dos mantras: palavras, frases ou sons que ajudam a levar a um estado de relaxamento. O mantra tailandês mais popular é o "Budo". Acompanhando uma inspiração lenta e profunda, fala-se mentalmente a sílaba *bu*. Na expiração, o ar sai devagar enquanto a sílaba *do* é mentalizada. Apenas isso, várias e várias vezes, até que as ideias finalmente se acalmem. Não é uma regra, mas os olhos fechados ajudam a minimizar as distrações. Outra técnica sugere que o foco esteja exclusivamente na respiração, sem a necessidade de uma música de fundo ou de que alguma palavra seja dita. Basta sentir o ar roçando na borda do nariz, o pulmão expandindo e esvaziando... A frequência cardíaca diminui e, assim, o estado de tranquilidade é uma consequência natural, biológica.

"Você encontra um ponto de equilíbrio quando consegue estar presente, mas muito tranquilo, sem pensar, em silêncio. Você não sente mais fome ou sede, não sente as dores do corpo. Por isso, acho que a meditação foi, sim, extremamente útil para os meninos conseguirem administrar o incômodo físico de ficar sem comida, sentados no chão duro, com frio. Se um deles entrasse em desespero, não sei o que aconteceria", explica Ajahn Mudito, monge brasileiro que morou treze anos na Tailândia.

A meditação e a fé explicam parte da força que manteve os meninos e o técnico da maneira como eles se revelaram na saída: unidos, serenos e saudáveis de corpo e mente. O espírito de equipe dos Javalis, muito anterior à aventura na caverna, por certo também ajudou a controlar os ânimos e a garantir a boa convivência entre aqueles meninos humildes, de vida simples, acostumados à natureza, à rua, às dificuldades e à fé budista.

Identificar um outro fator depende basicamente da sua crença, não necessariamente em Deus ou em Buda, mas pelo menos no famigerado poder do pensamento. Muitos têm certeza de que a corrente de oração e de energia positiva que se espalhou pelo mundo deu um empurrão fundamental para que os meninos saíssem da caverna.

"Não força a barra...", dirão os ateus convictos. "Os garotos foram salvos pela competência dos mergulhadores."

Os inconvictos pensarão: "Acho que no mínimo a mobilização estimulou ainda mais as equipes e, dessa forma, talvez tenha, sim, ajudado no resgate".

O jornalista André Trigueiro, especialista não só em meio ambiente, mas um estudioso e praticante da fé espírita, vai além. Assim como muitos, ele acredita que todos os seres dos diferentes reinos da natureza pulsam e exalam vibração, o que convencionamos chamar de energia. E produzem, em função dessa energia, um campo eletromagnético. Isso vale para plantas, árvores, animais e também para a espécie humana. É o que os espíritas chamam de psicosfera, uma parte importante da nossa identidade, que ajuda a definir a qualidade dos ambientes que frequentamos.* Budistas também costumam crer no poder dessa tal energia.

Gratos que são, os tailandeses passaram a semana do resgate agradecendo à força de convictos e inconvictos do mundo inteiro: aos que rezaram e aos que brindaram a cada menino que escapulia lá de dentro. Muitos moradores de Mae Sai disseram "Obrigado, meu Buda" bem em frente à caverna, aos pés de uma misteriosa figura chifruda — lembra dela?

---

* Disponível em: <https://mundosustentavel.com.br/podcast/psicosfera/>.

A lenda da princesa Jao Mae Nang Non

Quem tem alguma dúvida se deve ou não entrar na caverna Tham Luang costuma desistir quando passa em frente àquela estátua. Nem o Buda radiante logo atrás consegue convencer os indecisos. A figura de traços femininos veste uma blusa vermelha com detalhes pontiagudos nos ombros. Na cabeça, carrega um arco fino com uma parte arredondada bem no meio da testa, tudo encarnado. O rosto nem chega a assustar. As veias do pescoço parecem saltar mais pela magreza do que pelo afã de querer ter razão. A mulher de olhar sereno até devia ser daquelas que mais escutam do que falam. Mas, na mão esquerda, segura um tridente de diabo, desses de Carnaval de rua. Problema ainda maior são os chifres e a caveira na ponta do bastão que ela empunha na mão direita. Essa figura tinhosa, levemente satânica, está relacionada a uma lenda que mostra como o misticismo se incorporou ao budismo tailandês nas últimas décadas.

A história conta que, em tempos muito antigos, a princesa Jao Mae Nang Non se apaixonou por um jovem plebeu que trabalhava em um estábulo. A paixão cavalar e proibida logo fez a moça engravidar. Ao saber da notícia, o casal fugiu e, depois de algumas horas, se abrigou na caverna Tham Luang para descansar. Quando o rapaz saiu para buscar um pouco de comida, foi capturado pelo exército do rei. O jovem morreu completamente apaixonado. Atormentada e cheia de amores por um homem morto, a princesa não aguentou e quis se juntar a ele: suicidou-se a facadas dentro da caverna. A lenda diz que o sangue da mulher se tornou a água que flui pelos canais subterrâneos da Tham Luang, enquanto o corpo é a montanha que hoje leva o sobrenome dela — Nang Non —, cujo formato lembra o de uma Bela Adormecida. Jao Mae Nang Non significa "deusa reclinada".

Durante as buscas pelos Javalis, jornais locais relataram que, em um distrito próximo, em Mianmar, havia um monge que a comunidade acreditava ser uma reencarnação do plebeu da trágica história de amor. O tal monge foi, então, levado até a caverna para conversar com o espírito da mulher. Assim que o papo acabou, ele disse que os garotos seriam encontrados com vida, mas que alguém teria que ficar lá dentro com a princesa. O mergulhador Saman Kunan morreu poucos dias depois, ao levar oxigênio para os meninos.

A tal da figura chifruda não é a princesa, mas uma homenagem à memória dela: um espírito que simboliza a força feminina, uma representação pouco angelical para sinalizar que aquele é um local de possibilidades, mas também de perigo, um limiar entre a vida e a morte. Nos dias do resgate, a estátua da mulher virou um local de oração e de demonstração de respeito à natureza. Nos mitos da região norte da Tailândia há uma ligação entre as cavernas e o oculto, o cabalístico, e existe também a ideia de que os espíritos femininos perigosos, os chamados Jao Mae, podem ajudar os que a eles recorrem.

Na época do resgate, uma estudante contou aos jornalistas que ouve a história da princesa desde criança, e que os moradores acreditam que ela protege a caverna Tham Luang. "Montanhas e cavernas têm espíritos guardiões. Podemos não enxergá-los, mas eles nos veem e, por isso, precisamos respeitá-los quando entramos nesses lugares", disse a jovem.

Há várias montanhas e várias histórias como essa pela região. Em cada uma delas, a caverna é considerada a casa de um espírito poderoso, às vezes perigoso, mas que, uma vez respeitado, ajuda a manter o norte da Tailândia seguro, próspero e saudável. Tudo isso nada tem a ver com os ensinamentos de Buda, mas é resultado de uma mistura de influências, a maior parte de antigas tradições hindus. Durante os dias de resgate, esse sincretismo se manifestou também em altares montados de improviso ao redor da caverna. Num deles, até uma cabeça de javali foi ofertada. Enquanto isso, lá dentro, os mergulhadores, inclusive os estrangeiros, tinham que usar braceletes budistas a pedido das autoridades locais. Espiritualidade e conhecimento técnico se misturaram ao longo de toda essa história improvável.

O APELO AO DEUS DA ÁGUA

"Eu imploro, Phra Pirun...", rogava o militar, deixando os jornalistas estrangeiros confusos, se entreolhando, como se algo tivesse saído do roteiro.

Era domingo, seis da tarde, e o Departamento Meteorológico Oficial da Tailândia insistia em prever temporal para segunda-feira. Quatro meninos já haviam sido resgatados, mas nove ainda estavam lá dentro. Ninguém na província dormiria em paz embaixo daquelas nuvens sinistras. O céu escureceu em pouco tempo. Diante de repórteres do mundo inteiro, a autoridade continuou clamando:

"Eu imploro pela sua misericórdia, Phra Pirun... Por favor, três dias sem chuva", suplicou o homem em tom de reza. "Se eu pedir mais do que isso, ele pode não ajudar. Então, estou falando em três dias. Se Phra Pirun colaborar, poderemos tirá-los da caverna rapidamente. Se Phra Pirun não ajudar, pode ser tarde."

Dessa forma, o senhor Bancha Duriyapan, comandante do Exército regional, dividia a responsabilidade pelo sucesso do resgate com um dos deuses hinduístas mais populares da Tailândia. Phra Pirun (pronuncia-se "Pra Pirun" mesmo) é o deus da água, padroeiro de universidades agrícolas, evocado por produtores rurais do país inteiro. Teria ele, dizem, o poder de fazer chover ou mandar a chuva parar.

Ver uma autoridade apelando aos céus em um momento tão delicado, que sugere certo pragmatismo e boa dose de estratégia e habilidade técnica, desconcertou a jornalistada ocidental e rapidamente virou assunto. Uns acharam um absurdo, amadorismo de terceiro mundo. Outros, como eu, oscilaram entre a surpresa e certo encantamento com declaração tão peculiar, ainda que Deus, São Pedro, Iemanjá e até a Fundação Cacique Cobra Coral, entidade esotérica que afirma controlar o clima no Brasil e que já chegou a ter convênios com a prefeitura do Rio de Janeiro, sejam citados com boa frequência por parte da nossa classe política.

O fato é que, na Tailândia, uma monarquia constitucional, o Estado só se tornou laico em 2007. Política e religião se misturam há séculos, mesmo hoje, apesar da mudança na Constituição. O novo texto diz que "o rei é budista, mas protetor de todas as fés" e prevê que "os cidadãos desfrutem de total liberdade para abraçar qualquer credo ou religião".

Quando o budismo começou a ganhar popularidade, muitos que migraram de outras religiões sentiram falta de rituais, de certos tipos de bengalas emocionais. Queriam, por exemplo, poder rezar para outras imagens, fazer oferendas a deuses ou santos de causas específicas, mas isso os ensinamentos dos monges não ofereciam. Não existem deuses budistas. Povos de diferentes países tomaram a liberdade, então, de pegar uns deuses emprestados. Na China, os do taoísmo; no Tibet, os de religiões locais; na Tailândia, os hinduístas. Hoje não é difícil encontrar figuras como Phra Pirun em templos budistas.

Tantas foram as adaptações ao longo dos anos que agora o povo tailandês tem até superstições, como deixar a imagem de Buda, que praticamente todo mundo tem em casa, sempre virada para o leste, jamais para o norte, o que, naturalmente, dá azar.

E se fossem meninos muçulmanos?

Posto que são humanos, monges budistas também cometem seus deslizes. As notícias não costumam chegar ao Ocidente, mas uma busca em sites de jornais tailandeses leva a alguns escândalos de corrupção envolvendo líderes de monastérios. "Ex-monge é condenado a 114 anos de cadeia", gritava a manchete do *Bangkok Post*, enquanto eu procurava notícias dos Meninos da Caverna na minha volta à Tailândia. O monge pilantra prometeu construir a maior imagem de Buda do mundo, toda de esmeraldas, e fez uma grande campanha de arrecadação. A justiça tailandesa condenou Nen Kham por usar todo o dinheiro das doações para comprar um jato e carros de luxo.* Naturalmente Nen é uma exceção em uma religião que parece consolidada como uma marca positiva.

No imaginário popular, o budismo hoje é sinônimo de sabedoria e luz, paz e plenitude, com simpatizantes no mundo inteiro. O que nasceu para ser uma filosofia acabou sendo compreendido como religião — hoje, a que mais cresce no Ocidente. Livros sobre o budismo costumam aparecer em listas dos mais vendidos mundo afora e imagens do "Buda Gordo" viraram *souvenir* de gente viajada, não necessariamente espiritualizada. Mas aquele gordinho sorridente que costuma ficar sentado ao lado de porta-incensos é, na verdade, a representação de um dos sete deuses da sorte do xintoísmo japonês, chamado Hotei, que, na China, é conhecido como Buddai. No Brasil, tiraram o "i" e abraçaram o gordinho como se ele fosse Siddhartha Gautama, o Buda de fato.

Talvez toda essa popularidade do budismo, penso alto aqui, tenha feito muita gente criar uma identificação ainda maior com a história dos Javalis Selvagens. Essa é apenas uma reflexão, daquelas para se ter à mesa com um copo de cerveja e um *aperitisco* (pratico essa palavra em casa e a emancipo neste livro). "E se fossem meninos muçulmanos?

---

* Disponível em: <www.bangkokpost.com/news/crime/1518678/ex-monk-nen-kham-sentenced-to-114-years-in-jail>.

A empatia teria sido a mesma?", eu perguntaria a você em um botequim qualquer, com total sinceridade, antes de arremessar um amendoim à boca. Talvez nós dois, cara leitora ou caro leitor, engrenássemos num bom papo sobre como generalizamos e estigmatizamos religiões, religiosos e tantos outros grupos. No caso dos muçulmanos, vi em Londres, uma bolha de tolerância e multiculturalismo, o aumento de crimes de ódio contra a comunidade islâmica depois dos ataques terroristas de grupos radicais em 2017.

Talvez terminássemos a conversa falando sobre nossas crenças, trocando memórias de fé e brindando a Allá, a Phra Pirun e ao Buda Gordo.

Minha fé

Corpo e sangue de Cristo. Era tudo o que eu precisava num domingo à noite, antes da pizza. Segui essa dieta dos treze aos dezesseis.

A adolescência católica era carregada de culpa. Eu passava a semana pecando livremente, com desenvoltura e, quando chegava à missa, baixava a cabeça e só fazia pedir desculpas. Ao final, leve e em paz, desejava ser coroinha. A serenidade durava menos que o efeito do desodorante.

Segunda de manhã, meu demônio da guarda já me puxava pelo braço e lá estava eu cometendo delitos imperdoáveis: masturbava-me sem dó, dizia que ia à escola de ônibus, mas pedalava para embolsar o dinheiro, e vez ou outra matava aula para ir à casa de um amigo ouvir as bandas favoritas: Nirvana e Soweto. Não havia, porém, pecado que me deixasse mais atordoado do que falar alto com minha santa mãe. Só mais tarde percebi que era melhor pedir desculpas a ela, não a Ele. Afinal, são um só.

Anos se passaram e eu ainda me pegava puxando assunto com o divino. Naquela época, a dos vinte e poucos, percebi que nos esbarrávamos quase sempre na natureza: na onda que batia na cachoeira, na lombeira da praia, no auge de uma trilha... Trocávamos uma ideia rápida, bem baixinho. "*Tá* falando sozinho, animal?", perguntava um melhor amigo. Era como conversar comigo mesmo. Talvez fosse isso. Talvez seja isso.

Hoje em dia nos falamos até demais. Não preciso me ajoelhar, nem comer seu corpo e beber seu sangue. Às vezes basta cruzar o olhar com o vira-lata aqui de casa. Afinal, são um só.

Às vezes é fechar os olhos e respirar fundo. Às vezes é fechar os olhos e respirar fundo numa roda de samba. Já faz tempo que sigo, com humildade, as palavras de Toninho Geraes e Moacyr Luz. Este último, toda segunda-feira, na Rua Barão de São Francisco, número 54, no bairro do Andaraí, no Rio de Janeiro, junta menos que doze numa mesa comprida, ergue o cálice e passa a noite na reza do samba, rimando "coração" com "devoção", falando em Deus, alma, Iansã, Nanã e Xapanã. Não entendo tudo, mas ergo até as mãos para o céu. Desando a beijar e a abraçar amigos, os amigos dos amigos e até desconhecidos, uma espécie de paz de Cristo no rito da comunhão. Volto para casa leve, leve.

Talvez isso também seja fé.

Os Javalis e a Javalina Selvagens

O ARTILHEIRO ESTAVA NA ENTRADA da própria área. Pressionado pelo adversário, o camisa nove tinha duas opções: rolar a bola pela linha de fundo, num gesto de humildade, reconhecendo a desorganização do time, ou recuar para o goleiro, manobra arriscada considerando o desembaraço do camisa um com os pés. O atacante escolheu confiar no colega e tocou devagarinho. Ao menino do gol cabia a missão de zunir os gomos para bem longe, sem inventar, batendo de primeira. Para a surpresa de ninguém, o garoto furou, a bola acabou beijando o calcanhar do pé de apoio e morreu dentro do gol que ele deveria proteger. Um adversário caiu no chão de tanto rir. Ouviu-se outra gargalhada da arquibancada, onde estavam as famílias de alguns meninos. O garoto do frango era o mais baixo, o mais pesado e, naquele momento, o mais jururu do time. Os pais dele não estavam lá.

"Vamos jogar, vamos jogar!", berrava o técnico, batendo palmas, como se a vida seguisse em paz depois de lance tão melancólico. Os colegas entenderam o recado: abaixaram a cabeça, fingiram ajeitar os shorts ou as meias e engoliram o riso.

Os meninos que ficaram presos na caverna Tham Luang são só doze de oitenta inscritos na escolinha dos Javalis Selvagens, entre eles o goleiro anti-herói e uma solitária garota suada.

Nesse dia do frango, a menina de cabelo trançado corria de um lado para o outro, esbaforida, de boca aberta, cansada de tanto perseguir a bola. A camisa dezessete rodava o campo inteiro, levantava as mãos, ameaçava desistir, mas logo voltava a correr. Até que finalmente teve uma chance, e não qualquer uma. Desmarcada, livrinha, tinha tudo para chutar, mas tocou para um companheiro que, em posição ainda melhor, bateu forte e marcou o gol. A generosa é a primeira menina a treinar nos Javalis Selvagens, e, por sorte, não foi convidada para ir à caverna.

Antes de o time ficar preso e imediatamente famoso, os meninos e a menina, aquelas oitenta crianças, treinavam cercados pelas montanhas de Chiang Rai e pela floresta tropical que abraça 30% do país, em um campo grande, mas todo esburacado, em uma vila afastada. O coreto onde eles e ela descansavam ao final dos jogos agora vive vazio, a trave continua enferrujando e a grama cresceu tanto que bateria na perna dos mais baixos, fazendo cosquinha.

Hoje, os Javalis jogam no centro da cidade, autorizados pela prefeitura, perto de onde moram e a cem metros de onde a maioria estuda. É um campo ainda maior, de grama bem cuidada, com arquibancada e tudo, e até um pódio de concreto para a premiação dos campeonatinhos de final de semana. Todos adoraram a mudança, menos a dona da quitanda em frente ao campo antigo.

Já são trinta anos ali. Nos últimos dois, ela vendia para os meninos e suas famílias às terças, quase todas as quintas e sempre aos sábados, mesmo se chovesse. Quando o drama da caverna acabou, os Javalis voltaram para os braços da cidade, mas não para os daquela senhora. Quando pergunto sobre os garotos, a mulher desabafa como se estivesse na sala com o marido: "Eles vinham aqui na lojinha e compravam umas besteiras (bananas, biscoitos industrializados, sucos de caixinha). Agora, foram jogar lá do outro lado. Queria muito que voltassem. Acho que eu iria chorar de emoção", brincou a velha, que, de tão preocupada com o marasmo nas vendas, me cobrou duzentos *baht*, R$ 25, quando pedi uma foto com ela. Pera lá, minha senhora...

No treino que acompanhei, já "lá do outro lado", ainda sem os Meninos da Caverna, a maioria dos Javalis estava com o uniforme principal do time, à época o sonho de consumo de garotos do mundo todo. Na camisa azul-petróleo, o mamífero que dá nome ao clube aparece no escudo de fundo vermelho, musculoso, com a pata direita dianteira levantada. O uniforme alternativo é parecido, mas azul-clarinho. A terceira opção é horrorosa: tem uma faixa vermelha, outra laranja e ainda branca, amarela, verde, azul-escura, azul-clara e roxa, com a gola e as pontas das mangas pretas. Só o técnico vestia essa confusão. Nopparat Kanthawong, conhecido como "Nop", é uma figura da qual não se esquece.

O treinador sênior dos Javalis Selvagens, o que manda e desmanda na escolinha, e quem deveria ter ido à caverna junto com os meninos, é um homem não muito atlético. O sujeito é carismático: um perna de pau confesso, magro, bem-humorado, mas agitado, extremamente agitado, com toda a sorte de tiques nervosos e quase sempre com um colar cervical por causa de "um probleminha na coluna".

"Não precisa ter sido bom jogador para ser bom treinador", polemizou para este repórter, sentado em uma cadeira de plástico enquanto seus meninos e sua menina treinavam. "Os garotos aqui jogam muito mais do que eu. Nem tento mais jogar contra eles. Minha habilidade está na cabeça", brincou, para depois, falando sério, explicar a filosofia de trabalho da escolinha. "Ensinamos além do futebol. Estamos sempre falando com os meninos para que sejam amigos, que permaneçam unidos, e também sobre o futuro deles, sobre o que vão querer fazer... A gente sabe que nem todo mundo aqui vai ser jogador profissional."

Não que a liga tailandesa tenha um nível muito alto.

A cena futebolística mais famosa já produzida no país dos Meninos da Caverna é a obra de arte "O goleiro enganado pelo pênalti". Era outubro de 2017. Um torcedor animado tirou o celular do bolso e, para a felicidade da internet, gravou toda a sequência. Um jogador de uniforme azul toma distância para fazer a cobrança. O goleiro veste laranja e está com as mãos para o alto, como se quisesse parecer imenso. Ao ouvir o apito do juiz, o batedor tira as mãos da cintura, dá três passos firmes e chuta forte no travessão. A bola voa tão alto que some da imagem. Eufórico, o goleiro sai em disparada para comemorar a defesa feita pela baliza. O atacante leva as mãos aos joelhos — a pose do fracasso. Depois de passear pelos céus, a bola reaparece no vídeo e, ainda sob efeito da explosão no travessão, quica esquisito, na direção do gol... E, nove segundos depois da cobrança, a bichinha trai o goleiro, que ainda comemorava, e dorme na rede. O batedor se ajoelha e leva as mãos ao rosto, parecendo chorar — a pose da glória. A vídeo-cassetada correu o mundo como a síntese do que se produz nos campos de futebol tailandeses.

Não por acaso, os ídolos de meninos e meninas do país são os globalizados de sempre: Messi, Cristiano Ronaldo e Neymar, ainda que o brasileiro tenha caído em desgraça durante a Copa da Rússia. Na tarde pós-resgate, enquanto gravávamos a vida leve em Chiang Rai, um tailandês fanfarrão, ao descobrir que éramos brasileiros, se atirou no chão, tremeu-se todo e pediu o VAR a um juiz imaginário: "Neymar!", "Sou o Neymar!", gritava, gargalhando com os amigos. Se eu fosse ele, também jamais perderia a oportunidade de escantear o futebol brasileiro.

Minutos depois, eu descobriria que o fanfarrão é um grande talento, craque em um esporte muito popular no Sudeste Asiático, uma mistura de futevôlei com artes marciais: o *sepak takraw*, invenção tailandesa. Para passar a bola sobre a rede é permitido usar qualquer parte do corpo, menos as mãos e os braços. O resultado é uma sequência de chutes aéreos cinematográficos. Tailândia, Malásia, Mianmar e Cingapura dominam a cena em campeonatos mundiais. Em uma sociedade de gestos contidos, a quadra de *takraw* é um espaço libertador, que permite todo o tipo de transgressão: provocações, gritos e solas de tênis rente à cara do adversário. Quem luta *muay thai*, o boxe tailandês, costuma ter facilidade no *takraw*, e vice-versa. A luta é conhecida como a arte dos oito membros: além dos pés e das mãos, cotovelos e joelhos dobram a potência e o repertório dos golpes, também tão úteis no futevôlei asiático. Assim como o basquete nos Estados Unidos, o *takraw*, em menor escala, faz parte de projetos esportivos ligados às principais universidades da Tailândia, que garantem educação aos jovens que se destacam desde cedo nesse esporte. Paixão nacional, o futevôlei tailandês levanta a autoestima de um povo que, no futebol tal qual o conhecemos, com a bola no chão, não costuma sonhar alto. A discreta seleção da Tailândia cultiva o hábito de ficar atrás de países como Bahrein e Omã nas eliminatórias asiáticas para a Copa do Mundo. Jamais disputou um Mundial.

Ainda assim, o futebol fascina a infância tailandesa e se multiplica em escolinhas como a dos Javalis Selvagens e em projetos sociais.

Na periferia de Bangkok, uma das cidades mais populosas do mundo, com quase nove milhões de habitantes, um grupo de arquitetos desenvolveu um projeto que tratou essa paixão com o carinho que ela merece. Os *Unusual Football Fields* ("Campos de Futebol Incomuns", em tradução livre) ganharam destaque internacional. Em uma comunidade miserável no bairro de Khlong Toei, imagens geradas por drones ajudaram a identificar áreas mal aproveitadas em meio a barracos amontoados. Assim, terrenos baldios e lixeiras a céu aberto viraram quadras de futebol sem o compromisso da simetria: algumas em forma de L, outras em U, o que desse para fazer. Uma delas é um quadrado bem pequeno, com espaço para dois jogadores de cada lado e olhe lá. Os campos tortos vivem cheios, aguçaram o senso de comunidade do bairro e renovaram os sonhos das crianças, como o de jogar em times do campeonato nacional. Vestir a camisa do Buriram United, do Bangkok United ou do Chiangrai United, por exemplo, é o desejo de milhões de meninos e meninas tailandesas. Essa esperança, tão poderosa, também ficou presa na caverna Tham Luang.

"Foi uma agonia muito grande para todos aqui", lembra Nop, o técnico-chefe dos Javalis. "Quando cheguei na caverna e vi as bicicletas e as mochilas na entrada, e toda aquela água escorrendo, meu corpo ficou gelado."

Era ele quem levaria os garotos para o passeio. Já estava tudo combinado, mas, por causa de um compromisso de última hora, Nop precisou delegar a responsabilidade a Ake. Naquela manhã de sábado, depois do treino, o chefe deu algumas instruções ao jovem assistente. "No caminho, de bicicleta, seja sempre o último, para ter uma visão geral", falou pessoalmente e reforçou depois em uma mensagem particular pelo Facebook. Nop pediu também que Ake tentasse levar alguns meninos mais velhos, para que ajudassem a tomar conta dos menores, o que foi feito. No fim das contas, o jovem treinador-assistente tinha mais intimidade com o grupo que iria à caverna do que qualquer outro professor da escolinha. Os meninos estariam em boas mãos. E, assim, o técnico-monge, um homem tranquilo, da meditação, foi escalado de última hora para entrar na caverna com os meninos. Buda sabe o que faz.

Arquibancada

Fazia tempo que eu não sentava ao lado de desconhecidos para ver um futebol acontecer. Naquele dia do treino do frango e da Javalina, a arquibancadazinha tailandesa me trouxe algumas lembranças gloriosas.

Quando eu era um rapaz solteiro, poucas coisas turbinavam mais a tensão sexual do que o sim da gata para um convite arriscado. O ponto de encontro não era dos mais íntimos. Lugar de muita gente. Nem sempre lotado, é verdade. Mas haveria no mínimo centenas; no máximo, dezenas de milhares. Provavelmente fariam muito barulho. Sofreriam, sem qualquer dúvida. Berrariam palavrões, cuspiriam perdigotos e invariavelmente federiam. Federíamos todos. Mas ficar duas ou três horas naquele ambiente seria o primeiro prazer de início de relação, passo decisivo para uma intimidade maior.

"Bora no jogo do Botafogo?" Era como levar para casa.

Naturalmente eu não fazia o convite apenas às de alma alvinegra. Restringiria muito o campo de atuação. Com as rivais, a proposta soava como uma afronta. Geralmente antes do "não" eu ganhava um tapinha carinhoso. "Tá maluco? Eu sou Mengão/Fluzão/Vascão", ela dizia. Era na réplica que o magrelo safado costumava se dar bem: "É porque você nunca foi a um jogo do Botafogo comigo...".

Com as alvinegras, era como um sonho. Chegávamos cedo, folheávamos as páginas cor-de-rosa do *Jornal dos Sports* (ou as do *Lance*), comentávamos a escalação, compartilhávamos a origem do botafoguismo e quantas histórias de arquibancada coubessem naquele tempo. Brincávamos de eleger a camisa favorita, o ídolo maior, o gol inesquecível e a derrota mais dolorosa. No conforto da arquibancada de concreto, encarávamos grandes dilemas: "biscoito Globo ou amendoim?". Como era gostoso poder escolher um de cada. O amendoim era daqueles que recebiam um calor na hora mesmo, sempre quentinhos, servidos num cone de papel.

O Botafogo me localiza no tempo. E, no final dos anos noventa e início dos anos dois mil, a arquibancada ajudou a formar minha visão de mundo. Era onde eu ficava pequeno, do tamanho que somos. Onde eu fazia parte de um grupo que só era possível ali. Na organizada, o baseado passava de mão em mão, do favelado para o playboy, do playboy para o coroa, do coroa para o menor. Era onde o machismo se esgoelava, onde tudo de pior e melhor acontecia de uma hora para outra, num ritmo perturbador; do choro ao riso, da angústia ao alívio, da revolta à resignação. O lugar perfeito, portanto, para se criar uma certa intimidade.

E assim vivi grandes amores de arquibancada, vez ou outra passando vergonha com uma casca de amendoim num pré- -molar ou no lateral-direito.

No Caio Martins, no Maracanã ou no Nilton Santos, o Botafogo sempre me viu apaixonado por ele e quase sempre por ela. Foram três ou quatro elas.

Na arquibancada, o sofrimento pela bola na trave era também o lamento pelo beijo que não vinha. "Uhhh...!", sussurrávamos, levando as mãos à cabeça. Quantos beijos meio, ops, sem querer, na euforia, não acontecem na hora de um gol? E quantos outros não consolam derrotas?

Todo tipo de beijo. Beijo na boca ou beijo de pai.

Depois do título do Brasileiro de 1995, pai e filho foram ao aeroporto esperar o comandante Tulio Maravilha pousar. Quando o garoto colocou o piruzinho para fora para fazer xixi, marmanjos encachaçados deliraram, jurando estar diante de uma encarnação do Manequinho, mascote alvinegro inspirado na estátua belga do "menino que urina". Ainda meio que se mijando, o moleque foi parar na carcunda de um desconhecido. "Uh, é Manequinho! Uh, é Manequinho!", gritava o povo, sacudindo a criança.

Quando o time finalmente aterrissou, alguns milhares invadiram a pista e correram em direção ao avião. O pai do garoto, vascaíno, chorava feito o menino. Até que veio a ideia de uma foto. Como se quisesse tocar naquele sonho, o barbudo magro, de olhos pequenos, encostou a mão direita no avião recém- -viajado. Queimou-se, urrou de dor e derreteu-se de tanto rir.

O pai é Carlos Moreira Gomes, meu grande amor de arquibancada.

"Vocês vão para a Tailândia amanhã"

Foi com vodca de qualidade duvidosa e narguilé de maracujá que boa parte daquele bar escuro na Nikolskaya, a "rua daz luzes", no centro de Moscou, afogou as mágoas quando o Brasil foi eliminado da Copa de 2018. Ninguém ali parecia tão abalado quanto um palestino de verde e amarelo. Revoltado com a seleção que também era dele, o rapaz vagava perturbado, completamente bêbado, num desassossego que poderia acabar em choro ou agressão. O homem forte também tinha momentos de carinho. Depois de abraçar este repórter e dizer que o amava, ele agarrou o microfone com força para falar que estava terrivelmente decepcionado, que aquele não era o Brasil, que aquilo não fazia sentido, mas que a vida, como de costume, seguiria em frente.

A reportagem já estava encerrada, vodcas e narguilés continuavam a chegar, quando o telefone tocou, lembrando que nem sempre sou eu quem me navega.

"Vocês vão para a Tailândia amanhã", disse a voz do outro lado da linha. Eu teria que embarcar em menos de sete horas, sem dormir. Foi essa mesma frase que acordou o militar americano Charles Hodges às 5h45 da madrugada de uma quarta-feira.

"Recebi a ligação do meu diretor de operações, o segundo no comando do esquadrão, que disse: 'O senhor deve estar sabendo que tem um time de futebol preso numa caverna da Tailândia. Prepare-se, pois nos avisaram que temos que ir para lá'. Eu pensei: ótimo, é o tipo de missão para a qual queremos ser chamados", contou em entrevista a uma emissora de TV australiana.

Poucas horas depois, a equipe americana já estava no avião a caminho da província de Chiang Rai, onde se juntaria à Marinha tailandesa e a mergulhadores britânicos, australianos, japoneses, um finlandês, um espanhol, um dinamarquês e outros da vizinha Mianmar. Entre os noventa homens que trabalharam na operação, mais da metade, cinquenta, eram estrangeiros.

Mas como, afinal, formou-se a equipe que salvou os meninos? Todos os mergulhadores foram oficialmente convocados pelas autoridades da Tailândia? Como o governo lidou nos bastidores com a necessidade de ajuda estrangeira? A resposta traz informações que podem diminuir um pouco o romantismo por trás dessa história.

Quando voltei à Tailândia, três semanas depois do resgate, me encontrei com uma liderança comunitária da cidade de Mae Sai, Chaiyon Srisamoot, um dos primeiros a saber que os Javalis precisavam de ajuda. Um amigo dele que trabalha no parque nacional onde fica a caverna Tham Luang foi quem viu as bicicletas e os pertences dos garotos, já à noite, largados perto da entrada, e pediu que Chaiyon, que conhece a cidade inteira, avisasse às autoridades. Àquela altura, a polícia já havia sido acionada pelas famílias. As informações bateram e logo as buscas começaram.

Nas primeiras horas, quando ninguém imaginava que aquele seria um trabalho complexo, os bombeiros e a Defesa Civil da cidadezinha tentaram entrar na caverna. No dia seguinte, apareceram os bombeiros da província ao lado, Chiang Mai, um lugar com mais estrutura. Só no terceiro dia o governo federal foi comunicado, deslocando as Forças Especiais da Marinha para o local.

Chaiyon logo passou a exercer o papel de interlocutor entre as equipes de salvamento, as autoridades, as famílias e os voluntários, uma figura importante para a logística do resgate. Era um dos que, na área reservada, bem na entrada da caverna, identificava o que poderia andar melhor, o que estava faltando, e, por isso, ficava sempre correndo de um lado para o outro, fazendo de tudo um pouco: entregava quentinhas aos militares, conversava ao pé do ouvido com os mergulhadores, ia até o centro da cidade pegar e pedir doações, trabalhando dia e noite, desde o dia zero.

No quarto dia de buscas na caverna, começou a correr a informação de que, sem experiência em resgates daquele tipo e com equipamentos inadequados, muito grandes e antigos, a Marinha tailandesa não conseguia mais avançar pelos labirintos apertados. Foi quando um amigo de Chaiyon, não qualquer um, lhe pediu um favor: que ele entregasse às autoridades, o quanto antes, em mãos, no gabinete da prefeitura, os contatos dos três melhores mergulhadores de caverna do mundo, três britânicos que poderiam fazer a diferença naquela história.

O amigo que fez o pedido era o espeleólogo — especialista em cavernas — Vernon Unsworth, também britânico, que se apaixonou pela Tailândia vinte anos antes de os meninos decidirem fazer aquele passeio, quando conheceu a namorada tailandesa. Ninguém tinha tanta informação técnica sobre a Tham Luang quanto ele. O interesse pelo lugar era tanto que, quando soube que a caverna imensa nunca tinha sido mapeada, ele mesmo o fez, com a ajuda de um mergulhador tailandês. O mapa do britânico acabaria sendo fundamental para o resgate. Vernon, portanto, sabia o que estava dizendo quando pedia a ajuda dos amigos britânicos.

Horas depois, Chaiyon, o líder comunitário de Mae Sai, foi até a prefeitura entregar o bilhete, escrito de próprio punho por Vernon.

Times is running out! (O tempo está correndo!)
1 Rob Harper
2 Rick Stanton
3 John Volanthen
They're the world best cave divers (Eles são os melhores mergulhadores de caverna do mundo)
Please, contact then through UK EMBASSY ASAP (Por favor, entrem em contato através da EMBAIXADA BRITÂNICA O MAIS RÁPIDO POSSÍVEL)

Time is running out !

1   ROB HARPER

2   RICK STANTON MBE

3   JOHN VOLAMTHEN

they 're the world best cave divers

please contact them through

U K . EMBASSY   ASAP

Harper, Stanton e Volanthen já haviam participado de resgates em vários países. O primeiro tem perfil mais técnico, estratégico, e é integrante do Conselho de Resgate Britânico, uma das poucas organizações desse tipo no mundo. Stanton, um bombeiro de Coventry, na região central da Inglaterra, e Volanthen, engenheiro de computação em Bristol, no sudoeste do país, ajudaram a encontrar, em 2010, o corpo do experiente espeleólogo francês Eric Establie, que ficou preso em uma gruta na região de Ardeche, no sul da França. Stanton também estava na equipe que resgatou seis soldados britânicos presos em uma caverna no México, em 2012.

O bilhete com os nomes dos três mergulhadores foi entregue a uma autoridade local com poder de decisão, que agradeceu pela sugestão, mas avaliou que não era hora de aceitar ajuda internacional.

"Fiquei triste ao ouvir a resposta, ficamos todos tristes. A vida dos meninos estava em jogo. E se tivessem morrido por causa da lentidão do trabalho? Esse é um lado da Tailândia que nem todo mundo conhece, uma certa intransigência na esfera política", disse Chaiyon.

Dois dias depois, ainda sem saber se os meninos e o técnico estavam vivos, o governo tailandês finalmente decidiu pedir ajuda e acionou as embaixadas dos Estados Unidos e do Japão. Os britânicos já estavam em Chiang Rai. Eles viajaram por conta própria, como voluntários, após a recusa do governo tailandês.

Com a chegada dos mergulhadores estrangeiros, a liderança da operação de resgate continuava sendo da Marinha tailandesa. O contra-almirante Arpakorn Yuukongkaew era quem falava com a imprensa e tomava as decisões, além de definir os grupos e os turnos dos quase cem homens. O trabalho exaustivo não parava nem de madrugada.

Naquele momento, quando os garotos ainda não tinham sido encontrados, as equipes ganharam uma ajuda fundamental: integrantes do governo e voluntários chegaram com equipamentos que bombeariam a água da caverna, o que seria feito até o último dia do resgate. Em outra frente, centenas de militares vasculhavam a floresta em busca de entradas alternativas, que pudessem ajudar a cortar caminho. Dentro da caverna, todos usavam uma corda-guia para ter uma referência ao longo de todo o caminho. Enquanto isso, parte da equipe fazia treinamentos na piscina de um clube local, com crianças de peso e altura semelhantes aos dos meninos, simulando manobras com equipamentos e calculando o espaço que o Javali e o mergulhador ocupariam juntos, principalmente por causa dos trechos estreitos que enfrentariam.

Quando os garotos finalmente foram encontrados — por dois dos britânicos cujos nomes estavam no bilhete entregue às autoridades locais em Chiang Rai —, a operação de busca virou um trabalho de resgate, com novos protocolos e estratégias. A empreitada mergulhava em duas frentes: uma era a da assistência permanente aos meninos, com quatro militares tailandeses, que, a partir daquele instante, ficaram ao lado deles o tempo inteiro, dormindo na caverna, dando comida, água, cobertores térmicos e curando as feridas leves que alguns tinham; e a outra era a do resgate em si — como e quando seria? Naquele momento, já estava decidido que os meninos sairiam por onde haviam entrado. Um resgate que não fosse pela água, explorando um pouco mais a floresta à procura de um ponto da rocha que pudesse ser perfurado, estava descartado. Uma ideia foi levantada: manter os meninos lá dentro até o período de chuvas passar, dali a três ou quatro meses.

"Mas tinha a questão da higiene, o risco de contraírem infecções, sem contar a logística da entrega de comida, que não era simples, então a ideia inicial, de esperar mais tempo, se mostrou fora da realidade", contou um dos mergulhadores.

O nível de oxigênio no refúgio dos meninos e do técnico também era um problema: estava em 15%, enquanto o normal são 21%. A condição poderia afetar principalmente o cérebro, causando tontura e desmaio. Com níveis ainda menores, os Javalis correriam risco de vida. Preocupadas, as equipes se mobilizavam para levar cilindros de ar para os meninos respirarem melhor. Foi em uma dessas missões que, para a tristeza e surpresa de todos, morreu o ex-mergulhador da Marinha tailandesa Saman Kunan, de 38 anos, que terá sua história contada no próximo capítulo.

Com a certeza de que os meninos sairiam pela água, a operação de resgate envolvia também levar equipamentos até o fundo da caverna: treze roupas de mergulho, cordas elásticas e máscaras especiais, que, com um sistema de pressão, expulsariam a água que eventualmente entrasse em um momento de pânico ou de qualquer outro incidente.

Os Javalis foram treinados para usar o equipamento e a seguir um determinado protocolo caso algo desse errado. Num consenso entre os mergulhadores que acompanhavam o grupo o tempo inteiro na caverna, os próprios meninos, o técnico e os chefes da operação, ficou decidido que primeiro sairiam os mais fortes, que estariam mais aptos a usar a força física e mental em um momento mais delicado. Mais tarde, porém, as autoridades resolveram que iriam sedá-los.

A maioria dos garotos ficou adormecida durante as cinco horas de travessia; alguns, parcialmente conscientes, meio grogues, só mexiam as mãos.

"Não senti nada porque me deram duas injeções. A primeira doeu um pouquinho e a segunda me apagou", contaria um dos Javalis semanas depois.

Cada menino fez o caminho de volta com dois mergulhadores. Como a água estava muito escura, o trajeto foi marcado por cordas fluorescentes. Nos trechos mais estreitos, os mergulhadores tiravam o cilindro das costas para que cada um passasse de uma vez: ele, o equipamento e o garoto.

Muitos da equipe, inclusive os mais experientes, revelariam mais tarde que não estavam totalmente confiantes de que os meninos sobreviveriam à travessia, que a possibilidade de dar tudo certo era de apenas 25%.

Alguns depoimentos de mergulhadores que abraçaram a missão quase impossível em Chiang Rai nos ajudam a entender a complexidade e as agruras do trabalho que enfrentavam.*

John Volanthen, britânico

"Sempre que havia um espaço de ar, íamos para a superfície, gritávamos pelos meninos e sentíamos o cheiro. Quando os encontramos, foi assim: sentimos o cheiro das crianças antes de vê-los e ouvi-los."

Jason Mallinson, britânico

"Lembro quando chegamos EM um trecho mais estreito — o menino e eu. Eu não enxergava nada, era tudo no tato. Não me lembrava de como era aquele trecho exatamente, só quando bati a cabeça na parede, forte. O importante era estar sempre segurando a corda-guia com um das mãos. Se a perdesse, seria um problema. Eu tentava

---

* Disponível em: <www.abc.net.au/4corners/out-of-the-dark/10000580>.

passar, mas também queria passar o menino, que, dopado, estava na horizontal. Tentei passá-lo, mas não deu. Eu ainda não enxergava nada. Puxei o menino de volta, para colocá-lo em outra posição, mas também não deu certo. Gastávamos vários minutos em um só obstáculo, tentando avançar. Era um processo lento, que nos intimidava. Eu tinha a confiança de que sairia dali e de que conseguiria tirar o garoto da caverna, mas não tinha certeza de que o tiraria vivo. Se ele batesse de cabeça na rocha, a máscara saísse um pouco do lugar e enchesse de água, seria o fim. Por isso íamos devagar, com calma, para não bater com o menino em nenhuma pedra."

CHARLES HODGES, NORTE-AMERICANO

"A minha preocupação de não nos acomodarmos, porque tínhamos conseguido um grande feito no primeiro dia. Quatro resgates bem-sucedidos, no primeiro dia? Não podia ter sido melhor. Mas, para mim, o risco de dar errado não diminuiu em nada. Comemoramos brevemente e logo voltamos a nos concentrar."

DEREK ANDERSON, NORTE-AMERICANO

"Quando tudo acabou, paramos um instante e deixamos as emoções fluírem. Foi aí que o sentimento tocou lá no fundo. Dissemos: 'Cumprimos uma grande missão com uma equipe enorme, com muitas pessoas diferentes que se uniram. E o mundo todo assistiu'."

CRAIG CHALLEN, AUSTRALIANO

"Não tenho palavras para descrever a nossa felicidade. Sinceramente, não era o resultado que esperávamos. Achávamos bem possível recolhermos apenas corpos. Eu ainda estou me beliscando para acreditar que tudo isso aconteceu realmente. É bom demais para ser verdade."

CHARLES HODGES, NORTE-AMERICANO

"Foi uma das coisas mais difíceis, perigosas e arriscadas que já fiz. Não com relação à minha segurança, mas à das pessoas pelas quais eu era responsável. Nunca tinha feito nada parecido e acho que nunca mais irei fazer."

Um pouco sobre a morte no Oriente

Boa parte da Ásia não fica perturbada diante de um corpo morto.

Quando aquele homem começou a queimar à beira do rio, ninguém virou a cara. Todos sabiam que o magro demoraria no máximo duas horas para derreter, tempo que levam as carcaças de até oitenta quilos. Crianças observavam, velhos também, mas pareciam falar sobre outro assunto. A viúva olhava fixamente para o que um dia foi um marido. Um barco recomendado pelo TripAdvisor parou em frente à cena, mas não tão perto, para que os turistas pudessem fotografar.

Às vezes com viúvas mais distraídas e crianças preferindo bater bola a encarar o morto ou a morta, é assim todos os dias no rio Ganges, no norte da Índia. Varanasi é a cidade onde os hinduístas do país sonham em morrer. A cremação diante da água sagrada, ao ar livre, chamada de Manikarnika Ghat, é um ritual de libertação do espírito, de renascimento. Sobram apenas os ossos, que são varridos e peneirados ali mesmo. Nesse canto de mundo, ver queimar o corpo de um parente ou amigo querido não se torna um trauma — faz parte do luto e, segundo relatos, é a hora que o choro seca.

Um corpo que já morreu tampouco apavora a Tailândia. Buda ensinava a contemplar a morte. Numa tradição antiga, que se mantém, os monges mais dedicados aos estudos costumam visitar necrotérios.

"Eu fiz isso várias vezes na Tailândia. A gente fica diante do cadáver, olha o cadáver, toca o corpo morto, para você realmente desassociar essa ideia [da morte como um tabu]", me explicou o monge brasileiro Ajahn Mudito.

O budismo entende que uma visão clara sobre a perecividade do corpo traz calma, sobriedade, ajuda a corrigir rumos, ensina a avaliar, afinal, o que vale e o que não vale a pena. Assim, a vida que não contempla a morte é, para os budistas, uma vida incompleta. E fazer as pazes com a ideia de que vamos morrer um dia é um passo fundamental para quem deseja seguir mais leve.

No budismo, não importa a vertente ou o país, o morto deve ser cremado. Geralmente em fornos a gás ou elétricos, fechados. Em lugares mais pobres, no entanto, as cremações ainda são feitas na frente das famílias, que precisam levar a própria lenha. Cemitérios são vistos como algo espaçoso, sem sentido, e que, além do mais, pode contaminar o solo. As cinzas budistas geralmente são levadas para templos ou guardadas em casa, nunca jogadas no parque ou na praia favorita do falecido. Ainda que os corpos não sejam sepultados, enxerga-se a importância de que os parentes tenham um referencial da ancestralidade, um lugar ou objeto a ser visitado quando a saudade doer.

Entre a morte e a cremação, os budistas tailandeses fazem uma série de rituais em homenagem à pessoa que partiu. Abraçam a crença de que, enquanto existir corpo, é possível enviar energias que o ajudem a chegar ao Nirvana — estado de felicidade suprema, emancipação, liberdade, transcendência, fenômeno que Buda dizia ser impossível de definir em palavras, algo que nunca poderia ser compreendido através do intelecto.

No velório, geralmente o defunto fica na área externa da casa da família, exposto ao público, em cima de uma mesa, não necessariamente dentro de um caixão, mas solto mesmo, com a cabeça pousada em algum pano ou almofada. Para que entendam que a morte não precisa ser a agonia da vida, crianças são presença quase obrigatória nesses ambientes. Os convidados vão chegando e comem e bebem à vontade. As famílias mais bem resolvidas com a perda do parente costumam servir bebidas alcoólicas. Ninguém é obrigado a fazer cara de triste. São encontros sociais, leves, mas respeitosos. Todos devem levar alimentos para serem doados aos monges, que presidem uma rápida cerimônia. Nos casos de morte natural, de velhice, o clima é especialmente agradável, com brindes e gargalhadas, como em uma boa festa.

A perda do mergulhador Saman Kunan foi uma exceção nesse país acostumado à morte.

O ÚLTIMO MERGULHO
DE SAMAN KUNAN

QUANDO VIU A GALERIA INUNDADA e jogou-se pela primeira vez na água turva, com o peso dos equipamentos e da responsabilidade de levar um pouco de ar para os Javalis respirarem, Kunan imergia em uma missão que só noventa pessoas neste mundo de sete bilhões sabem como era difícil. Se resgates com mergulho são frequentes, como também são os de caverna, resgates com mergulho em cavernas são raríssimos — e esse ainda envolvia não uma ou duas, mas treze pessoas, treze jovens vidas presas pouco mais de dois quilômetros terra adentro. Sem ter sido convocado, e por isso imediatamente admirado e respeitado por todos à sua volta, o voluntário, um homem forte, de 38 anos, ex-mergulhador de elite da Marinha tailandesa, jogou-se, então, pela primeira vez naquela água turva.

Ao lado do companheiro de missão, Saman Kunan logo despareceu. Submerso, batendo os pés de pato sem enxergar quase nada, às vezes só cinco ou dez centímetros à frente, embrenhava-se no primeiro e longo túnel estreito, tateando a rocha para entender o tamanho do aperto. E assim foi avançando, lentamente, tomando cuidado com os equipamentos. Carregava o próprio cilindro e um extra, o que levaria aos garotos.

Kunan e o colega venceram o túnel comprido e finalmente reencontraram a superfície. Depois, encararam trechos de caminhadas, às vezes com água na canela, na cintura, no peito. Vieram também novos trechos estreitos e galerias enormes. No total, uma viagem de cinco horas até, enfim, chegarem à "praia" que os meninos descobriram no passeio, a Pattaya Beach, ponto de referência importante, que indicava que estavam perto.

O trabalho andava bem, com toda a dificuldade esperada, mas bem, e foi concluído com sucesso quando o cilindro finalmente terminou sua viagem. Kunan entregou o equipamento, em mãos, aos militares que estavam ao lado dos Javalis e do técnico. O voluntário era mais um homem sem rosto, de máscara e roupa de mergulho, que aparecia rapidamente na frente dos garotos, bufando de cansaço, com pressa para voltar, em uma operação frenética, que não podia parar.

Saman Kunan morreu na metade do caminho de volta.

Seu companheiro precisou abraçar, então, uma nova tarefa: carregar o corpo do colega pelo túnel estreito.

"A missão falhou. Toda a equipe está muito triste. Nós conhecíamos Kunan havia pouco tempo, mas a morte dele afeta a todos", declarou Narongsak Osotthanakonr, um dos líderes da operação.

Autoridades disseram que o cilindro de oxigênio, devidamente abastecido, parou de funcionar quando Kunan estava em uma parte submersa, a um quilômetro e meio da entrada da caverna. Sem ar, ele logo desmaiou e não tardou a morrer.

A morte de Kunan fez a equipe de mergulhadores parar, refletir e checar novamente os equipamentos, um por um. O time entendeu que a chance de outro problema como aquele acontecer era muito baixa e, de luto, seguiu o trabalho, aproveitando a janela de tempo estável prevista para os próximos dias.

"Ele é um herói do povo tailandês e do mundo. Não deixaríamos que a morte dele fosse em vão", declarou um dos mergulhadores.

"Posso garantir que não vamos entrar em pânico e não vamos interromper a nossa missão. Vamos honrar o sacrifício do nosso amigo", completou o comandante Arpakon Yookonghaew.

Foi como se alguém da família real tailandesa tivesse morrido. O rei Maha Vajiralongkorn mandou pagar tudo: o translado do corpo em avião militar, a cerimônia fúnebre com honras de Estado e a cremação, como pede a tradição budista. O mundo logo ficou sabendo um pouco mais sobre o mergulhador-voluntário.

Depois de se aposentar da Marinha, Kunan tinha tanta energia acumulada que a distribuiu em três esportes: nadava, pedalava e corria todo os dias. Como todo triatleta, era seco, forte e musculoso, e trazia sempre um sorriso saudável no rosto.

"Meu Facebook nunca mais será o mesmo sem as publicações dele, Kunan era uma pessoa iluminada", lamentou Camila Nicolau, brasileira que conheceu o mergulhador em um prova de aventura na Malásia.

O triatleta era casado com Valeepoan Kunan e não tinha filhos, mas olhou para os Meninos da Caverna como se fossem dele. Quando viu que os garotos tailandeses estavam presos, o mergulhador sabia que podia ajudar e imediatamente decidiu viajar para Chiang Rai. Iria por conta própria — de casa, na cidade de Sattahip, até lá seriam quase treze horas na estrada: 940km. Quando comentou com os antigos chefes da Marinha que iria viajar, descobriu que poderia pegar carona em um avião oficial que levaria mantimentos para a equipe de resgate.

Antes de decolar, Kunan gravou um vídeo com a aeronave ao fundo, já com o motor ligado. Confiante, disse: "Vou entrar agora no avião para Chiang Rai e vamos trazer esses meninos para casa".

Ao saber da morte do marido, a companheira de Kunan fez desabafos emocionados nas redes sociais: "Sem você, não quero continuar respirando", escreveu. Dias depois, mais calma, fez questão de mandar um recado para os Javalis: "Por favor, meus filhos, nunca se culpem".

O corpo de Saman Kunan foi velado fardado; e seu esforço, lembrado no mundo inteiro, como nas homenagens feitas aos mergulhadores australianos e britânicos, em seus respectivos países. *In memoriam*, Kunan foi promovido a tenente-comandante.

Os Javalis e o técnico-monge souberam da morte do mergulhador só quatro dias depois do resgate, ainda no hospital, quando os médicos entenderam que o grupo estava com boa saúde física e mental para receber a notícia. Os treze choraram, ficaram um pouco em silêncio e logo escreveram mensagens em um quadro com a foto daquele mergulhador que viram rapidamente lá no fundo da caverna, todo equipado, entregando o ar que faltava.

A palavra herói, tão surrada, veste perfeitamente em Kunan.

Aos olhos do mundo, foi a morte que tornou a vida desse homem importante.

Esconjuro

A morte tem sido uma amiga agradável desde que cheguei aqui.

Nos meus melhores dias, quando acordo disposto de verdade, tomo um café da manhã decente, faço um alongamento, convoco o cão e já subimos a escada em disparada, direto para o cemitério. Meias brancas me dão ar de atleta. Da porta de casa até o primeiro jazigo são seis minutos. Passo pelo turco do narguilé, pela casa que tem um cavalo dentro, pelo *fish and chips* gorduroso e pela igreja *hipster* que vende cerveja e vinho branco. Logo chego à praça onde vez ou outra faço entradas ao vivo, ao lado de uns dois mil mortos. Tenho apreço por todos, mas um deles mexe comigo.

Será que era vegano? Conservador ou trabalhista? Fiel ou infiel? Egocêntrico e vaidoso que só? Xenófobo e gordofóbico? Racista filho da puta? Ou descansa em paz um boa gente que eu adoraria ter conhecido em vida? Saber quase nada sobre o dono dos ossos ali guardados é o que mantém a nossa amizade de pé.

Tudo o que sei é que o definiram para sempre como "querido marido e pai", que ele morreu em 27/06/1976, aos 52 anos, e que está enterrado ao lado, em cima ou embaixo de "sua carinhosa esposa", "adorada mãe e avó". Ela foi embora bem depois, em 23/06/2011, aos 89. O casal lusófono está deitado no cantinho direito do cemitério, onde sempre passeio com Biriba, o cão. Com eles falo em português, um carinho a mais, talvez outro segredo para nossa amizade já durar vinte meses. Evito entrar em assuntos delicados, mas... "será que Dona Eulália teve outro amor?", penso alto. Seria natural, Gualberto desencarnou muito cedo. Talvez tenham até conversado sobre o assunto.

Biriba não tem paciência para toda essa ladainha e logo me guia para o parque dos defuntos.

O irreversível processo de cessamento das atividades biológicas vai nos acometer muito em breve, não importa se daqui a cinco minutos, com este livro caindo sobre o seu peito, amanhã à tarde, em um acidente terrível, ou daqui a algumas poucas décadas, no meio de um sonho bom. E aí? Já decidiu se quer ser enterrado ou cremado? No mais, estamos todos satisfeitos com o nosso percurso até aqui? Me fale de você, leitor. Passaria em paz se fosse hoje?

Poderia ser essa a pergunta a me nortear nas voltas pelo cemitério, mas gasto boa parte do tempo engajado em evitar que Biriba urine nas lápides. Vivo pedindo desculpas aos mortos.

Entre jatos e pingos, vejo as gêmeas de dengo com a mãe, o cachorrão do sábado passado e o anúncio de mais um cinema a céu aberto. Por que a senhora dos lenços na cabeça nunca olha no meu olho? Aquela outra, coitada, já não é mais capaz de agachar para recolher o cocô da cadelinha idosa.

Quero um dia ter a envergadura daquele velho do tai chi chuan. Será que vão ser todos enterrados aqui? E eu? E você?

É nesse lugar pacato e arborizado, encravado entre uma área muito residencial e outra nem tanto, que conheço Londres melhor, com alguma calma. Ontem mesmo topei com Martin, um rastafári alto e largo que arremessava bolas de tênis para a companheira bem tosada, de no máximo seis quilos. "Queria ter a energia desse bicho, *man*..." Que sujeito engraçado. Martin deixou escapar o inquestionável "prefiro os cachorros do que o homem" e ponderou com um singelo "mas também amo as pessoas, *man*...". Espero revê-lo. Ao nosso lado, cercado de folhas mortas, estava George Edwin Fish, outro "querido marido e pai".

Onde estão, afinal, os maridos e pais desprezáveis e desprezados? Talvez todos vivos.

Vilarejo em Chiang Rai. Vista do Templo Mae Sai, onde os meninos budistas e o técnico passaram uma semana em retiro espiritual logo depois do resgate.

Estátua de Buda em Mae Sai.

Vira-lata asiático em Mae Sai, a cidade dos Meninos da Caverna, o ponto mais ao norte da Tailândia. Do outro lado do rio Ruak fica Mianmar.

Feira de rua em Mae Sai.

Escadaria que dá acesso ao Templo Mae Sai.

Javalis Selvagens. Num campinho de grama sintética, os Javalis e a Javalina treinam num sábado de manhã.

Colegas dos Meninos da Caverna rumo à escola.

No Templo Mae Sai, amigas me pedem para tirar uma foto delas em frente ao painel com a imagem dos Meninos da Caverna.

No Templo Mae Sai, monges prepararam painéis com fotos em homenagem aos Javalis e a todos que, de alguma forma, participaram do resgate, como mergulhadores, voluntários e jornalistas.

Notícias da caverna: como milhões de pessoas em vários países, moradores de Chiang Rai deixaram a Copa do Mundo um pouco de lado para acompanhar, ao vivo, o resgate dos meninos.

O quadro com a foto do mergulhador tailandês Saman Kunan, que morreu durante o resgate, fica exposto no Templo Mae Sai.

O misticismo tailandês: mulheres rezam diante da estátua que representa os perigos da caverna. Ao fundo, a imagem de Buda.

Presentinho: no Templo Mae Sai, monges deixaram este pôster dos Javalis para quem quisesse pegar, uma forma de agradecimento.

Operários tailandeses começam a levantar o "Museu dos Meninos da Caverna".

Fronteira entre Mianmar e a Tailândia. Adul, o "menino sem pátria" atravessou esta ponte com a família para tentar uma vida melhor em Mae Sai.

Café na tríplice fronteira Laos-Tailândia-Mianmar.

Banho budista em Mianmar, perto da fronteira com a Tailândia.

A peregrinação dos monges descalços em busca de doações começa às seis da manhã.

Brasil em Chiang Rai: Bruno, Mayara e os três filhos — Davi, Bernardo e Arthur.

Pequeno monge em peregrinação, Mae Sai.

Acesso à caverna Tham Luang, onde os Javalis Selvagens ficaram presos.

A entrada da caverna Tham Luang. Os meninos ficaram presos a dois quilômetros deste ponto.

Fé budista: o agradecimento e a oferenda na entrada da caverna, dias depois do resgate.

O monge do porco: a dupla estava diante da caverna Tham Luang, perto da mesa com oferendas.

A cartinha da Menina do Piauí para os Meninos da Caverna.

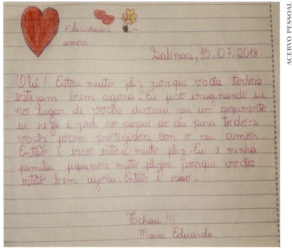

Adul lê a cartinha de Duda, a Menina do Piauí.

Selfie na caverna: turistas visitam a entrada do lugar onde os Javalis ficaram presos por dezoito dias.

O tão esperado encontro com o técnico-monge Ekkapol Chantawong, o Ake.

Massagem tailandesa. Moradores locais gemem de dor e prazer no meio da rua.

Bruno e os Meninos da Caverna.

"Meninos, eu vi": o primeiro encontro com os garotos que deixaram o mundo preocupado. Nossas cores, por piores que sejam nossas crises, são poderosas.

Troféu: uma das moradoras do vilarejo foi com o filho para a porta do hospital comemorar a vida dos Meninos da Caverna.

SOLIDARIEDADE

A MANHÃ EM CHIANG RAI ainda era noite em Londres e ontem no Brasil. O horário confuso revirava as ideias e, zonzo, abri a cortina para aceitar a sexta-feira. Foi por acaso: logo vi a calçada cheia de pontinhos laranja e só então percebi a chuva e a própria nudez exposta na janela. O sexto andar do hotel deixava enxergar longe: o controle de fronteira, as montanhas de Mianmar e, agora, as alaranjadas calçadas tailandesas.

A peregrinação dos monges atrás de doações, de casa em casa, comércio em comércio, só passando na frente, sem pedir nada, começa cedo, às seis da manhã. Caminham devagar, mesmo os mais jovens, e quase todos descalços. Sem exceção, vestem o manto monástico laranja, cor da transformação, da coragem e do sacrifício. A explicação menos romântica diz que é porque não há tinta natural tão disponível na região: ferve-se a madeira do pé de jaca.

Vulnerável, com saudade da esposa e do cachorro, tive certeza de que a paz era aquele careca de bolsinha atravessada. O sorriso de canto de olho serenou o ateu inconvicto.

"Mas e se for apenas um pilantra sem cabelo?", perguntou o capiroto pragmático que mora em mim. Rapidamente o eliminei das ideias. Não era hora.

O monge de quarenta e poucos parou em frente ao hotel, onde já era esperado por um rapaz e três moças, uma delas com um menino de pijama azul no colo. Todos carregavam sacolas, inclusive o garotinho. O grupo ficou de joelhos e se curvou. Cada um encostou as mãos espalmadas na ponta do nariz, encaixando os dedões embaixo do queixo, e, então, sorrindo, os quatro adultos e o menino entregaram ao homem as sacolas com suco, macarrão e bombom.

A esmola é a ligação entre duas necessidades: a de quem pede e a de quem dá. Para o budismo, uma cadeia de equilíbrio capaz de curar sociedades.

"A ideia é: quando as pessoas doam comida, elas estão fazendo um bom mérito, um bom karma. A pessoa realizou um ato meritório. Isso vai trazer muitos resultados para ela no futuro. Tanto em termos espirituais quanto em termos materiais", explica Ajahn Mudito, o monge brasileiro que morou na Tailândia por treze anos. "E, também, a comida lá é muito barata. Você deve ter notado. Então, não é um sacrifício muito grande, sabe?"

Esse país que nada deixa faltar aos monges jamais faria a equipe que trabalhava na caverna Tham Luang pensar em *delivery*.

Em um impulso humano que nem todo humano costuma ter, tailandeses de vários cantos do país deram um jeito de viajar para Chiang Rai.

No dia em que cheguei o mais perto que podia da área do resgate, conheci uma família que saiu de Bangkok e pegou onze horas de estrada para dar de comer a qualquer um que estivesse na boca da caverna. Na chapa quente do caminhãozinho de comida, preparavam pedaços de porco e frango com tomate e cebola e colocavam sobre um pão de forma solteiro. O quase-sanduíche alimentava militares, jornalistas, outros voluntários, curiosos, quem chegasse esganado.

Os donos do caminhãozinho dormiam ali perto, na varanda de uma casa que não era deles, no chão mesmo. Em cima de um saco grande de arroz, um ventilador pequeno rodava 360 graus soprando os mosquitos. Para simular um colchão, colocavam quatro ou cinco camadas de lençol e deitavam. "Só saio quando não tiver mais ninguém naquela caverna", disse a jovem engordurada, sem banho. "O nosso conforto agora é o de menos."

Conheci também Sanguan Singkorn, tailandês que viajou três horas de carro para cozinhar no acampamento montado dentro da área reservada, a poucos metros da caverna. Ele alimentou as famílias dos meninos, os militares e os mergulhadores.

"Todo mundo precisava de energia. A gente não podia ir lá dentro da caverna, mas sabia como ajudar", me disse.

Ele e os amigos também ofereciam algo inestimável para os pais dos Javalis: uns abraços e uns ouvidos. Não foram poucos os momentos de tristura. No mais duro deles, depois da morte do mergulhador, os voluntários foram para um pequeno estádio da região, e, diante do campo vazio, quatrocentas pessoas rezaram na arquibancada lotada.

A corrente de oração e solidariedade virou uma onda gigante, rara nestes tempos odiosos, uma inspiração que vinha de vários cantos.

Na Índia, crianças bem pequenas de uma escolinha primária da cidade de Ahmedabad rezaram para os amigos tailandeses. Garotas e garotos seguravam cartazes com frases em inglês: "Salvem a vida dos nossos amigos!".

Quantas escolas não dedicaram alguns minutos em sala de aula para falar dos meninos? Em casa, quantas pessoas não colocaram os Javalis em suas orações?

Um axé especial veio do Chile. Mario Sepúlveda falava por experiência própria: era ele o líder dos 33 homens que, em 2010, ficaram 69 dias presos em uma mina de cobre, no Deserto do Atacama. Vestido de mineiro, com capacete, lanterna e colete, a figura disse: "Saudações e força às autoridades e às famílias de todos os meninos. Não tenho dúvida de que, se ficarmos em oração e se o governo fizer todos os esforços, vai dar certo. Aqui quem falou foi Mario Sepúlveda, resgatado da mina San José, no Chile!".

Os Meninos da Caverna viraram assunto até na Copa da Rússia. O francês Paul Pogba postou uma homenagem bonita com as fotos dos doze garotos e do técnico. O zagueiro John Stones mandou energia positiva e disse que a seleção inglesa rezou pelos meninos no vestiário. Eliminados, os japoneses gravaram um vídeo para os Javalis antes de voltar para a casa. O único brasileiro a falar publicamente sobre o resgate foi o ex-jogador Ronaldo, que disse que o mundo do futebol estava torcendo pelos Javalis Selvagens.

Na Tailândia, porém, quase ninguém queria mais saber de Copa do Mundo. As 75 províncias e a capital Bangkok mudaram de canal para acompanhar as notícias da caverna. Dia e noite, as televisões mostravam ao vivo a mobilização solidária dos tailandeses.

Quem estava perto continuava ajudando como podia. O transporte entre a base da montanha e a área do resgate era feito pelos mototaxistas da região.

"Quanto custa?", perguntou a um deles o correspondente da TV Globo Rodrigo Alvarez.

"Nada", respondeu o motoqueiro, sorrindo.

Enquanto isso, seis homens chegavam de Hong Kong. Os voluntários trabalhavam para uma empresa chinesa que fabricava bombas d'água. Ofereciam o equipamento, de graça, e ajuda braçal, também gratuita. O grupo, liderado pelo impronunciável Chawinchayathit Panuhasatungsaikaew, bombeou mais de três milhões de litros d'água, deixando o trabalho dos mergulhadores um pouco menos complexo.

"Eu li nos jornais que o equipamento que eles tinham não conseguiria bombear essa quantidade toda. Viemos para tentar acelerar o processo", disse Panuhasatungsaikaew.

Dias depois, apareceu em Chiang Rai o bilionário empresário da área de tecnologia, o sul-africano-canadense-americano Elon Musk. Ele foi à Tailândia levar um minissubmarino que achava que poderia ajudar. A ideia já nascia com um porém: o tamanho do equipamento, que não permitiria o resgate do treinador. Era uma cápsula metálica pequena, em forma de bala, conectada a tubos pelos quais entraria o oxigênio que garantiria o sucesso da empreitada. Seria, para ele, um possível plano B, caso o nível de água na caverna voltasse a subir. Musk logo ouviu críticas de um dos mergulhadores, que o chamou de oportunista. Na internet, meio mundo reagiu da mesma forma, dizendo que o controverso empresário queria era aparecer.

"Acabei de voltar da caverna. O minissubmarino está lá, para caso seja necessário. É feito de partes de foguetes e é chamado de Javali. Deixo-o aqui, caso possa ser útil no futuro. A Tailândia é muito linda", tuitou.

O chefe da missão de resgate elogiou a sofisticação da tecnologia, mas descartou o uso do equipamento. "Não é prático", concluiu.

Àquela altura, com ou sem a ajuda do bilionário, já se sabia o tamanho da onda que havia chegado em Cheng Rai: cerca de mil pessoas participavam dos trabalhos no entorno da caverna. Eram bombeiros, policiais, mergulhadores e centenas de voluntários que entenderam que outros tipos de habilidade eram fundamentais para que tudo desse certo. Uns cozinhavam bem e rápido, outros tinham moto, tempo livre e boa vontade, e alguns sabiam fazer massagem. Nada mais útil naqueles dias de tensão... Os voluntários-massagistas eram quatro estudantes da etnia Akha, uma minoria que migrou da China para o Sudeste Asiático e hoje vive perto da tríplice fronteira entre Mianmar, Tailândia e Laos.

"Minha especialidade é a massagem nos pés", falou a jovem Emua Angee às agências de notícia.

A americana Alexia Worthen já mora há cinco anos no norte da Tailândia e garante que faz a pior massagem da província. Durante o drama dos meninos, ela ficava em casa, agoniada, pensando em como poderia ajudar. Até que um anúncio no jornal a atentou para o óbvio: o governo precisava de voluntários com um bom nível de inglês para facilitar a comunicação entre os mergulhadores tailandeses e os estrangeiros e entre as autoridades e os jornalistas.

"Tudo estava muito confuso. Poderia haver problemas, falhas de comunicação. Quando cheguei, nosso chefe foi muito claro: 'Nós não queremos esconder nada, queremos comunicar bem o que está acontecendo. E precisamos da ajuda de vocês'", me contou Alexia.

Quarenta tradutores voluntários se revezavam em grupos. A americana de piercing no nariz trabalhava das sete da noite às dez da manhã. Ela foi a intérprete, por exemplo, dos mergulhadores britânicos que encontraram os meninos no fundo da caverna. Alexia aparece em fotos ao lado deles e do governador, em uma das muitas reuniões para definir a estratégia do resgate. A ajuda dela e do grupo de voluntários fez diferença. Com uma boa tradução, mergulhadores se entendiam com mais clareza e jornalistas davam informações precisas. Foi ali que Alexia conheceu ainda melhor o país que já amava.

"Os tailandeses são muito carinhosos, mas também muito discretos. As autoridades queriam proteger os meninos e as famílias. Eles não queriam um circo", ela lembra.

A americana chegou em Chiang Rai, como muitos estrangeiros na Tailândia, para fazer trabalho voluntário. Foi ficando, ficando... Quando viu, cinco anos. O tempo em que vive na província a ensinou formas de comunicação tão poderosas quanto a palavra.

"Os tailandeses usam muito a linguagem das mãos. Usam muito o contato visual ou só o sentimento mesmo. E sorriem. A melhor maneira de se comunicar aqui é com sorrisos. Eles têm um para cada ocasião, não importa se boa ou ruim. Sempre há um sorriso", disse sorrindo.

A Tailândia aconteceu na vida de Jardel há sete anos. O brasileiro dá aula de futebol para meninos da mesma idade dos da caverna. "Os tailandeses são muito unidos. A cultura do país não é individual, mas comunitária. Para mim, não foi surpresa ver a mobilização deles, mas sim o quanto comunidades de várias partes do mundo ajudaram. Foi muito bonito. Acho que agora o povo *thai* vai olhar com mais carinho ainda para os estrangeiros."

O monge brasileiro que morou treze anos na Tailândia, entre 2003 e 2016, coloca as coisas no lugar: "É um povo bem-humorado, amigável, de bem com a vida, mas claro que não é a solução para a humanidade. Eles também têm seus pontos fracos, problemas que não me cabe apontar. O lado legal do ocidental, por exemplo, um alemão: a disciplina, bastante funcional. Mas isso tem um preço interno. Pode gerar uma pessoa tensa, estressada. Os tailandeses não têm esse preço interno. Eles são muito *relax*, de bem com a vida, muita à vontade com a própria sexualidade, com a morte, com a doença, com a velhice. Não é a solução universal para a raça humana, mas um povo interessante. Vale a pena estudar e conhecer a cultura deles", diz Ajahn Mudito.

Em boa medida, o senso de comunidade vivido naqueles dias em Chiang Rai faz parte da identidade tailandesa.

"Existe uma conexão. Nós ainda somos como uma família. Quando celebramos o Natal, convidamos os budistas e pessoas de outras religiões para se juntar. E, quando eles têm uma cerimônia especial, nos convidam e nós vamos", explica Ali, tailandês evangélico que trabalha na escolinha de Jardel e também se voluntariou nos dias do resgate.

Muitos dos que participaram *in loco* da mobilização pelos meninos dizem ter saído diferentes dessa história. Sobre isso, tomo a liberdade de compartilhar um pensamento. Em "Notas sobre a experiência e o saber da experiência", texto disponível na internet,[*] o doutor em Pedagogia pela Universidade de Barcelona, Jorge Larrosa Bondía, diz que experiência "não é o que se passa ou o que acontece, mas o que nos passa e nos acontece, e, aos nos passar e nos tocar, nos forma e nos transforma". E que "nunca se passaram tantas coisas, mas que experiência é cada vez mais rara". Muito, na opinião dele, por causa do excesso de informação. "Informação não é experiência, informação não deixa lugar para a experiência, ela é quase uma antiexperiência." O professor complementa: "O sujeito da informação sabe muitas coisas, passa seu tempo buscando informação, o que mais o preocupa é não ter bastante informação (...) e o que consegue é que nada lhe aconteça".

Afinal, quanto do que pensamos e falamos é resultado do que de fato nos passou e nos aconteceu? Informação lhe é suficiente, leitor? Quantos quilos você consome por mês? Quantos desses te alimentam de verdade? Pergunto com honestidade, querendo chegar a algum lugar.

Saboreei o espírito solidário tailandês em vários momentos da cobertura. Um dia, gravando em frente ao hospital para

---

[*] Disponível em: < http://www.scielo.br/pdf/rbedu/n19/n19a02.pdf>.

onde os meninos seriam levados, ganhei biscoitos de arroz de umas velhas simpáticas de camisa floral. Na festa na noite do resgate, também em frente ao hospital, voluntários molhavam as palavras de repórteres distribuindo água e um chá gelado com ervas locais.

Viver dias assim traz um sentimento precioso e poderoso.

O que fez a diferença no resgate dos Javalis não foi a tecnologia, mas as pessoas — um grande trabalho coletivo pelo o que parecia impossível. Nos meus últimos dias em Chiang Rai, ouvi um ditado tailandês que ajuda a entender por que os meninos saíram lá de dentro.

Pegue o meu coração como se fosse o seu.

Boas notícias

NA GUERRA CARIOCA, EU SÓ ENTRAVA NAS FAVELAS, lugar de tanta gente boa e querida, com colete à prova de balas: aquele azul, com o logotipo da TV, um peso tão necessário quanto constrangedor. Trabalhei de 2009 a 2016 no dia a dia do Rio de Janeiro, cobrindo, entre um Carnaval e outro, mortes de todas as idades e quase sempre da mesma cor. O Brasil mata muito. Os 62.517 assassinatos cometidos no país em 2016 nos colocam em um patamar trinta vezes maior do que o de toda a Europa. Só na última década, 553 mil brasileiros perderam a vida por causa da violência. Ou seja, um total de 153 mortes por dia. É como se, diariamente, caísse um Boeing 737 lotado. A maioria dos homicídios (70%) é causada por arma de fogo e contra jovens negros. Somos, assim, o país que mais mata no século XXI.*

---

* Fonte: Instituto de Pesquisa Econômica Aplicada (Ipea) e Fórum Brasileiro de Segurança Pública.

Nos deslizamentos em Angra dos Reis e Ilha Grande, em 2009, no do Morro do Bumba, em 2010, praticamente na esquina de casa, em Niterói, e na maior tragédia natural da história do Brasil, na Região Serrana do Rio de Janeiro, em 2011, eu passava os dias ao vivo contando cadáveres, ouvindo famílias de soterrados e cobrando autoridades — na época, Sergio Cabral era o governador e Luiz Fernando Pezão o vice.

Com o passar dos anos, o cheirinho de terra molhada, tão bom, foi ganhando uma carga de tristeza. Hoje lembro sempre de uma Defesa Civil revirando alguma terra à procura de um pedaço de corpo. Lembro principalmente da tristeza das famílias.

Em geral, esse tipo de cobertura mexe com a visão de mundo do repórter: esgarça a vida real na frente de um profissional geralmente branco e de classe média, como são os de televisão, ainda que as coisas estejam começando a mudar.

Guardo várias cenas, diálogos e sensações desses trabalhos. Às vezes revisito os sentimentos por escolha própria, mas quase sempre é por acaso, como quando esbarramos na rua com aquele conhecido indesejado. Nem sempre dá tempo de atravessar.

Dito isso, querida leitora ou querido leitor, você pode imaginar como é bom abraçar uma notícia como a dos Meninos da Caverna. Passei boa parte da cobertura com um cisco nos olhos, adorando ser o mensageiro de uma história com final feliz, cheia de significados. Em 2010, tive a sorte de cobrir outro resgate do qual não se esquece: o dos 33 chilenos que passaram 69 dias vivos

108 Rodrigo Carvalho

embaixo da terra, no Deserto do Atacama, lugar que nunca saiu de mim. Este repórter recém-formado jurava que nunca mais teria uma história como aquela para contar. O melhor dos enganos.

Na Tailândia, trabalhei ao lado de Lucas Marshall, repórter cinematográfico dos melhores, amigo-irmão da época de faculdade, com quem dividi por dois anos, com mais outro amigo, um apartamento com três cachorros, uma gata e uma mesa de totó (ou pebolim) na sala. Marshall trabalhava na Editoria Rio da TV Globo, cobrindo o dia a dia da cidade. Até que um dia se percebeu no limite, cansado de filmar o que não queria ver: enterro de criança, principalmente. Migrou para o esporte atrás de uma rotina que não fosse triste. Ele também estava na Rússia cobrindo a Copa do Mundo quando foi convocado às pressas para ir à Tailândia. Fazia tempo que não trabalhávamos juntos. Foram dois reencontros: o nosso e o de Lucas com um fato que poderia terminar com o que não se quer ver: enterro de criança. O brinde e o abraço pelo final feliz foram em um *tuk-tuk* a caminho do hotel.

Carrego ótimas memórias com a outra equipe da Globo que trabalhou em Chiang Rai: os jornalistas Mário Camera e Rodrigo Alvarez. Convidei o xará, dono de olhar sensível e com uma estrada longa e bem construída, para escrever sobre esse momento raro no ofício que abraçamos.

Num tempo não muito distante do nosso, a meio caminho entre o Brasil e a Tailândia, na região onde a civilização ocidental começou a ganhar suas formas atuais, boas notícias eram tão desejadas que tornaram-se praticamente um estilo literário. Na língua em que era produzida a filosofia da época, o grego, o termo usado pelos escritores era *evangélion*, palavra que atualmente conhecemos como "evangelho". Além dos quatro mais conhecidos, houve uma série de outros, sempre anunciando o que se entendia como boas notícias, algo que o mundo inteiro deveria conhecer.

Aquele desejo de escrever sobre coisas boas — ou supostamente boas — foi praticamente suprimido com o avanço da civilização, levando-nos a um tempo em que notícia é sinônimo, antes de tudo, de má notícia. A queda do viaduto, a tragédia causada pelo terremoto ou a chacina diante da igreja ganham muito mais destaque do que a invenção de uma nova tecnologia, o sucesso de uma empreitada ou o simples nascimento de uma criança (a menos que haja nesse nascimento um caráter alcoviteiro, como acontece com os bebês da realeza britânica).

Na Tailândia, estávamos entre os dois mundos: tínhamos a tragédia e a boa notícia caminhando praticamente juntas. Os meninos haviam sobrevivido. Tinham sido encontrados numa caverna escura isolada do mundo pelas águas que invadiram aquele sistema natural de túneis em

Tham Luang. Mas... como sairiam dali? Estávamos, os dois Rodrigos, únicos representantes brasileiros por ali, profundamente tocados pelo combate literário que se dava diante de nós. Estávamos entre o *evangélion* e *tragoidia* — a tragédia tailandesa que se apresentava como uma tragédia de todos.

Os meninos seriam capazes de atravessar mais de dois quilômetros por debaixo d'água? Seriam capazes de aprender a mergulhar naquelas condições precárias em que se encontravam? Assim, vivemos também momentos de angústia. Algo inexplicável fazia com que sentíssemos uma proximidade muito grande com aqueles meninos pacientes e seu professor iluminado.

Até que a mesma caverna que os engoliu começou a expelir boas notícias, uma por uma. Ao terceiro dia, justamente quando os antigos diziam que a melhor das notícias deveria chegar, os meninos estavam todos em terra firme, ressuscitados em muitos sentidos, saudáveis e de celular em punho no hospital. Naqueles dias, a boa notícia superou a tragédia e teve destaque nos meios de comunicação do mundo inteiro. Comemoramos quando anoiteceu. Não houve tempestade nem furacão. Foi uma vitória humana. Jamais nos esqueceremos!

Rodrigo Alvarez é jornalista e escritor

O "EMBAIXADOR" BRASILEIRO EM CHIANG RAI

NA TERRA DOS MENINOS DA CAVERNA, afastados do burburinho, soltos como os vira-latas, Arthur, Davi e Bernardo brincam de pique, correm até a casa dos amiguinhos, jogam bola, caem, se ralam, exploram, sempre juntos. É no asfalto quente que se dá a mistura poderosa de crianças de escolas diferentes, com repertórios diferentes, vivências diferentes. Os três têm um tipo de infância que, nas grandes cidades, agoniza em pracinhas públicas, atropelado pela glória dos carros.

Arthur, Davi e Bernardo são filhos de Bruno e Mayara. Essa superpopulação vive em uma casa grande e simples em um vilarejo pacato de Chiang Rai, a província mais ao norte da Tailândia, terra de cobras, escorpiões, macacos, elefantes e Javalis Selvagens. O casal brasileiro vive há seis anos nesse paraíso animal com os filhos. O mais velho, Arthur, tem sete anos e é uma criança doce, de olhar calmo. Davi, o do meio, é um bacuri tímido, mas com viés de agitador. O caçula tem cabelinho de anjo e não decepciona: sozinho, forma uma quadrilha. Bernardo intercala as traquinices com um sorriso sem-vergonha, sedutor, que te faz jurar que naquele momento ele finalmente vai sossegar. E tudo recomeça.

O cenário é o verde da floresta tropical, o marrom do rio Kok, o colorido dos templos e das feiras e o centrinho acinzentado, infestado de motinhas barulhentas. Esse pedaço de Tailândia pouco lembra o país que vez ou outra aparece cheio de *likes* no seu Instagram. Não é a Tailândia das praias paradisíacas, nem a Las Vegas sem lei de *Se beber não case*. Tenho medo de chegar perto dessa caricatura e sair correndo. Sou, no fim das contas, como um jornalista estrangeiro que conhece o Brasil através do Amazonas.

O estado de espírito da Manaus tailandesa tira qualquer ocidental do eixo. "É o povo mais puro que já conheci", bancou Lucas Marshall, companheiro de trabalho na epopeia em Chiang Rai.

Nesses tempos estranhos, derreter-se por um povo pode ser a melhor das sensações. Tudo começa no simpático gesto das mãos em forma de amém, espalmadas na altura do coração, curvando o corpo a quem se quer demonstrar gratidão e respeito. É esse o "oi", o "tchau", o "desculpe" e o "obrigado" tailandeses. O *wai*, como o gesto é chamado, é um dos maiores símbolos da cultura do país. As mãos podem estar, senão na altura do peito, na do rosto, demonstrando ainda mais afeto.

Para um "te amo", basta fechar a mão e levantar apenas indicador e mindinho, como os ocidentais fazem nos shows de rock.

Quando o assunto é o ensino público, esqueça a imagem de país descontraído e amistoso. A educação na Tailândia carrega as marcas autoritárias de governos militares. Desde que aboliu a monarquia absolutista, em 1932, os tailandeses viram militares tentarem chegar ao poder pela força em mais de trinta momentos, tendo sucesso em doze — a última, em maio de 2014. Quando os Javalis estavam na caverna, uma junta militar governava e prometia eleições democráticas para dali a poucos meses. Esse histórico de golpes sobe nos tablados das salas de aula do país. O sistema tradicional de ensino inclui aulas sobre os chamados "Doze Mandamentos" impostos pelo governo militar, como o respeito à monarquia, além do hasteamento da bandeira, do canto do hino nacional e de uma oração diária dedicada a Buda. Professores são autoridades que, não raramente, batem nos alunos. Foi o que aconteceu com um dos filhos de Bruno e Mayara, o Davi, que um dia chegou em casa chorando, dizendo que a professora tinha dado com a régua no rosto dele.

"A gente não faz isso com o menino em casa, por que um professor vai fazer na escola?", diz Bruno.

Depois disso, o casal decidiu que educaria os filhos por conta própria. Mayara, então, encomendou dos Estados Unidos apostilas de *homeschooling* (educação domiciliar) e, em inglês, dá aula para os três filhos na sala de casa.

"Não é fácil, mas estou me acostumando. É uma troca muito bonita", ela conta.

Descobrir a Tailândia através de Chiang Rai me fez um carinho especial: um reencontro com a brasilidade. A província tem um pouco dos nossos subúrbios — a conversa de fim de tarde na porta de casa, a cerveja na calçada, o canteiro central na rua mais movimentada, as agências de seminovos, a comida de rua, o bafo tropical e os pés d'água escandalosos.

A província mais famosa nas adjacências de Chiang Rai é a quase homônima Chiang Mai, essa, sim, cheia de turistas em busca de serenidade budista e pimenta da boa. Rai não tem a fama da prima Mai, mas vale a visita — pelo majestoso templo branco, pelo delicioso restaurante das muçulmanas e, agora, pela cidade dos Meninos da Caverna: Mae Sai.

A vilazinha na província de Chiang Rai é uma área tranquila e abafada. A população de mosquito não passa fome, suga sangue dia e noite. O ventinho do inseto zanzando pela orelha provoca o inevitável autosafanão, cena típica por lá. As cobras só chegam de surpresa, como algumas vizinhas. A última que apareceu na casa de Bruno e Mayara tinha um metro. Morreu a pauladas. Os meninos acham engraçado ver o pai protetor cheio de medo; a mãe filma tudo para rirem juntos depois. Um dia, Arthur encontrou um escorpião dentro de um pneu e chamou o pai achando que era caranguejo. O mais velho é atento, vigilante, olha os irmãos e sabe onde não devem se enfiar.

Bruno é sujeito carismático, de sorriso fácil e biotipo difícil de se ver naquele canto de mundo: negro, alto e com um mini *black power*. O brasileiro diz que, na Tailândia, nunca foi vítima de preconceito. Na prática, o atributo físico que mais gera comentários é outro: não há criatura maior do que ele em Mae Sai. O gigante de 1,99m já perdeu a conta de quantas vezes deu com a testa em portas e entradas de lojas planejadas para a miudeza do tailandês médio. A altura de um homem na Tailândia passeia pela casa dos 1,65m (1,57m para as mulheres), uma das menores do mundo, parecida com a de mexicanos e coreanos. Bruno fez questão de me apontar de dentro do carro, todo feliz, a única loja da cidade em que pode comprar roupa, uma multimarcas que trabalha com tamanhos especiais, para aqueles acima do peso, muito altos ou do pé grande.

Num giro pela cidade dos Meninos da Caverna, exploramos também as barraquinhas de comida. A palavra gourmet ainda não chegou ao norte da Tailândia — um lugar, portanto, à frente do nosso tempo. Se o delicioso de Londres, onde escrevo este livro, é o burburinho, o novo, ter sempre algo fresco sobre o que falar, Chiang Rai conquista pela rotina inteiramente simples.

A relação dos tailandeses com a comida é um troço lindo. Nos vilarejos menores — são vários na província —, famílias comem juntas sempre que podem. Não falo do obrigatório e nem sempre pacífico almoço de domingo brasileiro, mas do espontâneo jantar na casa do vizinho numa terça-feira ordinária. Todos à mesa servem-se em pratos pequenos, só um pouco maiores que os de sobremesa, para que desfrutem da comida e das companhias na cadência certa. Parte-se da filosofia de que, ao alimentar o corpo, temos sempre a chance de nutrir também o nosso espírito.

Igualmente bonita é a intimidade dos tailandeses com a pimenta, iguaria que aprecio de longa data. Amo todas ao mesmo tempo: a da África, a da Jamaica, a do reino, a malagueta, a dedo de moça, a biquinho, a jalapeño, a de botequim. Pimenta no feijão, no bobó, na moqueca, no acarajé, na sardinha, no estrogonofe, no quibe, no rissole, na sopa. Já não deixo cair tantas gotas, mas adoro.

No que se refere à ardência, tailandeses, mais uma vez, só chegam à altura dos mexicanos. Do netinho ao vovô, dá-lhe pimenta, num nível colossal, do café da manhã ao jantar, com lascas espalhadas pelo prato, contaminando toda e qualquer colherada (lá não se usa garfo). Turistas avermelhados se veem salivando, com o buço suado e o nariz úmido. Tossem, pedem arrego e um pouco mais de água com gelo.

Bruno costuma se arriscar na pimenta. Mayara sempre pede para tirar. O caçula acha um barato ficar com a boca quente. Nessa rotina leve, qualquer pingo de estresse é derrotado na massagem.

A *thai massage* não é luxo, mas programa do dia a dia, barato. Em lugares não tão turísticos, como Chiang Rai, custa relaxantes cem *baht* por hora, nem quinze reais. Cadeiras de praia te seduzem na calçada, onde locais gemem de dor e prazer. E por que resistir? Só esteja preparado para o dia seguinte: é um dos toques mais firmes de que se tem registro. Convém pedir à moça, ao rapaz ou à senhorinha fofa para pegar leve. Na hora, as pressões feitas em pontos estratégicos do corpo, chamados de linhas energéticas, são o suprassumo da felicidade, de babar. Polegares, cotovelos e joelhos passeiam pelo seu corpo e esmagam e estalam e arrebentam suas costas, pernas e onde mais você desejar. É como voltar à academia depois de muito tempo.

Quando o corpo acostuma, a massagem passa a ser uma forma de cuidado diário com as saúdes física e mental, considerada um dos remédios mais poderosos da medicina oriental.

Bruno não tem boas lembranças de massagens, Mayara tenta ir pelo menos uma vez por mês, sempre com as amigas. Talvez você se reconheça no estilo de vida que essa família brasileira persegue.

O jovem casal saiu da região serrana do Rio de Janeiro em 2010. Mayara abriu mão da graduação em Relações Internacionais, um sonho. Bruno deixou para trás a estabilidade no comando da empresa de móveis do pai. O casal nunca precisou de muito para se perceber feliz. E, naquele mês de março, escolheu abraçar de vez uma vida que muitos juram que ainda vão ter um dia: num lugar simples, pé no chão, ajudando e sendo ajudado, sem precisar acumular dinheiro.

Nesta história, a fé tem um papel importante. Bruno e Mayara são cristãos, evangélicos, e se conheceram na Catedral Metodista de Petrópolis — ele com doze anos e ela com seis. Os pais deles eram muito próximos. O menino e a menina não tinham muito assunto, a diferença de idade atrapalhava. Mas o tempo ajudou. Em 2005, em uma viagem da igreja ao Vale do Jequitinhonha, se conheceram melhor e logo começaram a namorar — ele com vinte e um e ela com quinze. Anos e anos depois, na rotina dos cultos, um conhecido falou de uma organização internacional que trabalha com jovens missionários. Os olhos do casal brilharam. A ONG não tinha ligação com a igreja que frequentavam, mas os amigos de fé poderiam ajudar, assim como costumam apoiar outros projetos. O jovem casal decidiu, então, sair de Petrópolis rumo a Rondônia. Um dos filhos tinha só seis meses. Começava uma vida nova, de mais entrega e mais troca, como sempre quiseram.

A rotina em Porto Velho era sair para ajudar a população ribeirinha. De manhã cedo, num barco-voadeira, Bruno e Mayara se juntavam a seis pessoas e desciam sem rumo o rio Madeira, rodando pelas comunidades, olhando para as casas, conversando com as famílias e entendendo as que mais precisavam de apoio. Uma história foi especialmente tocante.

"A de um viúvo que morava com as três filhas: uma de sete, uma de treze e a outra mais adolescente. Eles viviam num espaço muito pequeno, devia ser um três por três, sem banheiro. Onde era a cozinha, era também o quarto e a sala, era tudo ali. Eu falei: pô, cara, isso aqui não dá... me marcou demais", conta o brasileiro.

Bruno e Mayara, que sempre tiveram comida, casa com tinta na parede, cerâmica no chão, escola com aulas constantes e atividades extracurriculares, foram descobrindo esse Brasil condenado à esperança, que se espreme em lugares indecentes, sem saneamento, quase sempre ornados com adesivos de candidatos da eleição anterior, os mesmos da próxima.

No caso de Seu Zeno, o senhor que vivia com as três filhas num quadrado acanhado, mil reais resolviam. Foi quanto o madeireiro cobrou para tirar madeira suficiente para Bruno e os amigos construírem uma casa simples, muito simples, mas com sala, banheiro e dois quartos — três vezes maior que a antiga. A ONG pedia ajuda à população e a lojistas de Porto Velho; Bruno tinha seus próprios caminhos. Sempre que voltava a Petrópolis, passava na igreja e contava as histórias dos ribeirinhos. Mostrava fotos, vídeos e conseguia algum dinheiro, inclusive para a própria família. Bruno e Mayara eram e ainda são bancados pelos colegas de igreja — um financiamento coletivo para manter o casal-amigo fazendo o bem por aí.

Seu Zeno e as três filhas conseguiram uma casinha nova graças ao trabalho de Bruno (com a ajuda do pessoal de Petrópolis), dos colegas da ONG e de jovens de igrejas de Porto Velho, voluntários na construção.

"Tô muito feliz, não vou mais precisar ficar levantando e trocando de colchão por causa da chuva", agradeceu o senhor de pele cansada, ao lado das meninas, apoiado numa das janelas da nova casa.

Na base missionária em Rondônia tinha gente que vinha rodando o mundo já havia algum tempo. Um deles contou para Bruno e Mayara o que viveu no Sudeste da Ásia — como o outro lado do planeta, tão amoroso, precisa de ajuda e tem também muito a ensinar. Foi naquela conversa que a Tailândia ganhou força, mas o casal, é verdade, já namorava o país. A ideia agradava sob todos os ângulos: o desejo de conhecer outra cultura, de criar os filhos num lugar calmo, seguro, e de ajudar uma comunidade através do futebol, sonho antigo de Bruno, que fez cursos no Brasil para dar aula em escolinhas.

Em setembro de 2012, o casal aterrissou em Chiang Rai, onde a organização também tem missionários. Do aeroporto até a cidadezinha de Mae Sai foi só uma hora de carro. É lá que até hoje os meninos de Bruno e Mayara brincam à vontade, soltos como os vira-latas. É lá também que vivem os outros meninos, os que se enfiaram naquela caverna e deixaram o mundo inteiro preocupado.

Jujuba

Sou pai de uma menina imaginária que é da cor dos Meninos da Caverna. Já faz uns oito ou nove anos, mas ela sempre teve seis. Nasceu com seis e com seis continua — nunca faz aniversário. A moreninha meio índia vive pelada, descalça, cheia de craca preta nas dobras dos braços. Juliana, Ju, Jujuba.

Jujuba limpa as cracas no mar. Vive numa praia comprida, de água morna, clara e mansa, enfeitada com coqueiros de ponta a ponta. Nesse paraíso de pouca gente, vez ou outra jovens fabricam jujubas e jujubos na cama de areia. Lá no canto direito tem uma aldeiazinha com umas quinze famílias de índios de verdade, nossos mestres. No verão, o mar se enche de plâncton. A pequena gosta de me acordar de madrugada pedindo para ir mergulhar na água que pisca. Dia desses, intrigada com o fenômeno, foi sozinha atrás dos porquês. Apareceu em casa falando devagarinho a palavra que escrevera na palma da mão esquerda: b-i-o-l-u-m-i-n-e-s-c-ê-n-c-i-a. "Como pode? Só seis anos... Deve ter aprendido na tribo", pensei. Papai foi no

122 Rodrigo Carvalho

Google. Bioluminescência é o processo que pode ser definido como a emissão de luz por um ser vivo. Juliana, Ju, Jujuba.

Na minha cabeça a vida se basta naquele canto com cara de sul da Bahia.

No início do ano passado, a menina começou a velejar (tem um projeto social de vela perto da aldeia). Você tem que ver: a garota é corajosa demais, encara umas ventanias daquelas de cinema, de filme de pirata. Mas talvez seja tudo coisa da minha imaginação.

Mesmo assim, fico bobo. E aprendo muito. Cambagem, retranca, bolina e escota já entraram no vocabulário. A vela está dando à Jujuba uma noção espacial que todos nós deveríamos ter. A cracuda já sabe quando o vento é de brisa ou de tempestade. Virou minha bússola, vive me apontando a África e dizendo que tem o sonho de dar a volta ao mundo num veleiro, mas só quando fizer dez anos.

Que um dia, então, a gente se perca pelo Sudeste da Ásia.

A menina da minha cabeça adoraria passar um tempo morando em Chiang Rai. Como pensei nela naqueles dias tailandeses... Andaria para lá e para cá ao seu estilo: no máximo com a parte de baixo do biquíni, a boca toda lambuzada da fruta favorita do dia e uns fios de cabelo grudados no rosto suado, às vezes até entrando na boca, fazendo engasgar e atrapalhando a contação de histórias. A moreninha fica louca quando conto dos Meninos da Caverna. "Me leva lá um dia, pai?"

Calma, Jujubinha... Você ainda nem existe.

Meninos, eu vi

Num impulso jornalístico-paterno, alimentei a vontade de encontrar os meninos tailandeses quando a vida deles estivesse mais calma, se possível abraçá-los, essa coisa estranha de querer tocar. No melhor dos sonhos, jogaríamos bola por duas ou três horas, até que a fome chegaria e pedalaríamos rumo às barraquinhas de comida de rua. Chegando lá, pediríamos uns refrigerantes coloridos, uns pratos apimentados, e eles ririam do meu nariz que choraria de tanta ardência. Eu perguntaria se eles tinham cachorro, mostraria umas fotos do meu, exibiria uns lances de Tulio e Garrincha, falaria mal do Flamengo, do Neymar, e perguntaria também da caverna, da vida e o que eles gostariam de ser quando tivessem a minha idade, trinta e poucos, se é que pensam nessas besteiras. Por fim, tiraríamos *selfies* para celebrar a amizade de uma tarde inteira.

Minha volta à Tailândia não teve 10% desse delírio, mas, graças a uma canga, valeu a pena.

* * *

Já em Londres, depois te ter passado uma semana cobrindo o resgate, comecei a acertar os detalhes da volta à Chiang Rai, onde faria entrevistas e pesquisas para este livro, e tentaria ver os meninos. Mesmo à distância, um olho continuava ligado nos Javalis, que, frágeis, ainda se recuperavam no hospital.

Ao todo, foram oito dias de internação. Os meninos receberam assistência psicológica, tomaram remédios, seguiram uma dieta controlada e foram reidratados. Saíram da caverna, em média, três quilos mais magros. Alguns inspiravam um cuidado especial: três deles e o técnico-monge estavam com infecção pulmonar. De tão debilitados, os Javalis ficaram isolados até dos pais, que, do outro lado do vidro, numa espécie de aquário, observavam a evolução dos filhos, sorriam para eles, mandavam beijos, conversavam por mímica e choravam. Os meninos passaram o tempo inteiro juntos, na mesma enfermaria, que tinha seis leitos de um lado e sete do outro. Falavam entre eles, caminhavam, mexiam no celular, trocavam olhares com os pais e, quando percebiam que estavam sendo filmados, agradeciam no estilo tailandês; sabiam que falavam para milhões.*

"Oi, meu nome é Titan! Estou melhor agora", tranquilizou o caçula em um vídeo em que aparece de máscara, roupa do hospital e com fome de comida mais bem temperada. "Quero muito comer carne de porco crocante com arroz frito e pimenta!", completou.

---

* Disponível em: <www.youtube.com/watch?v=fmtYjANXDnQ>.

A todos eles, uma voz feminina perguntava o que gostariam de comer. Os garotos, coitados, internados havia quatro dias, à base de um purê insosso servido embaixo de um plástico-filme, aguaram.

"Sushi", disse um. "Eu quero sushi", repetiu.

A maioria dos Javalis, porém, desejava mesmo uma carninha de porco.

"Khao Kha Moo", pediu outro menino. É um prato típico tailandês, com arroz e perna de porco.

"Moo Katra", sonhava um terceiro, este com um porco que viesse acompanhado de verduras.

Ainda quando nem comida de hospital eles tinham, presos na caverna, o presidente da Fifa, Gianni Infantino, os convidou para assistir, em Moscou, à final da Copa do Mundo — um gesto, antes de simpático, precipitado, que injetava ansiedade nas famílias num momento em que o grupo nem sequer tinha sido encontrado. Os garotos teriam amado ver França e Croácia no estádio, mas assistiram ao jogo no hospital, felizes, e não ficaram em cima do muro: todos torceram pela França. Viram entrar em campo uma seleção marcada pela diversidade, que levou à Rússia quinze jogadores filhos de imigrantes africanos, sendo que um deles, o zagueiro Samuel Umtiti, nasceu em Camarões. Os Javalis Selvagens, quatro deles também imigrantes, vibraram com dois nomes em especial: o atacante Kylian Mbappé, então com dezenove anos, filho de mãe camaronesa e pai argelino, e Paul Pogba, com origem na Guiné. Depois da vitória na semifinal contra a Bélgica, algoz do Brasil na Copa, Pogba havia homenageado os meninos em uma rede social. Foi pouco antes do início daquele jogo que os mergulhadores britânicos encontraram o grupo na caverna.

"Essa vitória vai para os grandes heróis do dia. Muito bem meninos, vocês são muito fortes!", escreveu o jogador, abaixo de uma montagem com fotos dos doze garotos e do técnico. Talvez a iniciativa de Pogba, coisa de craque, ajude a explicar a torcida dos Javalis pela França e toda a comemoração depois da vitória por quatro a dois, que deu aos franceses o bicampeonato e, aos meninos, mais um motivo para sorrir no hospital.

Quatro dias depois, quando os garotos finalmente receberam alta, médicos, enfermeiros e funcionários da limpeza, que tanto se envolveram com os meninos e com as famílias deles, pensaram em como fazer um último carinho. Formaram, então, um corredor humano: a caminho da saída, cada Javali passava lentamente no meio da equipe, umas vinte pessoas, sob aplausos e cafunés. Foi o momento em que muitos meninos colocaram a emoção para fora. Alguns choravam e sorriam ao mesmo tempo, gratos por tanto amor e dedicação, e por tanta saúde. Foram tão bem tratados que saíram do hospital, todos eles, com mais peso do que quando entraram na caverna.

Antes de voltarem aos braços dos pais e da província, os meninos foram escalados para uma entrevista coletiva. As perguntas dos jornalistas tiveram que ser previamente analisadas por psicólogos, a fim de evitar que qualquer tipo de trauma fosse causado aos garotos. O cuidado acabou funcionando: foram 32 minutos de uma entrevista leve, com várias gargalhadas. Primeiro cada um se apresentou e fez a tradicional saudação budista, a mesma que fizeram na caverna quando foram encontrados. Depois, aos poucos, saciaram a nossa fome por detalhes.

Os meninos contaram que, para passar o tempo, jogavam damas com pedrinhas que encontraram na caverna, e que tentaram, sem sucesso, escavar as paredes, também usando pedras. Chegaram a fazer um furo de três ou quatro metros. "Sentíamos que precisávamos tentar algo, não apenas esperar ajuda. Então, nos revezamos para fazer o buraco. E bebíamos a água que escorria das pedras", contou o técnico Ake.

Foi nessa entrevista que alguns aproveitaram para pedir desculpas públicas aos pais por não terem avisado que iam à caverna.

"Aprendi a ser mais paciente, bem mais paciente. E mais forte, a não desistir com facilidade", disse um deles.

"E como foi quando os mergulhadores chegaram?", perguntou um jornalista.

"De repente, o técnico falou para a gente ficar quieto porque ele tinha ouvido um barulho estranho, que podia ser de alguém chegando. Um de nós, então, foi mais à frente para ver de perto. A gente estava com medo. Peguei a lanterna e foi quando os mergulhadores apareceram. Não sabia o que dizer a não ser 'olá!'", contou Adul, o cristão. "Acho que foi um milagre."

"Não fomos responsáveis quando entramos na caverna. Serei mais cauteloso a partir de agora, mas vou viver minha vida plenamente", comentou outro Javali.

"Quando ficaram sabendo da morte do mergulhador?", queria entender um repórter.

"Aqui no hospital", disse o técnico, que foi escolhido para responder a essa pergunta. "Ficamos impressionados que ele tenha sacrificado a vida para nos salvar. A notícia foi um choque. Sentimos muito por ter causado tristeza à família."

Quase no fim, já com o clima leve de volta, um dos meninos falou que um mergulhador lembrava o pai dele. Isso mexeu tanto com o garoto que, perguntado sobre qual profissão pensava em seguir, respondeu que estava na dúvida se apostaria mesmo no futebol, como sempre quis, ou se abraçaria uma ideia que nascera dias antes, no hospital: ser mergulhador da Marinha tailandesa. "Quero salvar vidas", disse.

A entrevista comunicou ao mundo a boa saúde física e mental dos meninos e marcou uma virada que começaria naquele momento. Chegava a hora de um choque de realidade: o retorno à rotina simples, ao dia a dia muitas vezes banal, sem adrenalina ou holofotes, para que se dessem conta de que a fama e os convites de viagens que choviam em Chiang Rai acabariam logo, logo. Era a cultura budista entrando em cena depois de um consenso entre as famílias, as escolas, os monges e as autoridades locais. Os meninos precisavam pisar um pouco no chão, pelo menos naquele momento. Para começar, isolariam-se mais uma vez do mundo: passariam sete dias em um retiro espiritual.

Em Londres, eu acompanhava tudo pela imprensa tailandesa, preparando a minha volta ao país, marcando entrevistas e esperando o momento certo de embarcar.

Se os Meninos da Caverna já tinham uma certa fofura, as fotos deles carequinhas fizeram muita gente se derreter de vez. A imagem, mais essa, rodou o mundo: em uma cerimônia budista ao ar livre em frente ao templo principal da cidade de Mae Sai, os garotos chegaram de branco, acenderam velas em um altar, fizeram oferendas, ganharam doações em dinheiro e foram perdendo os pelos da cabeça, primeiro na máquina, depois na navalha.

Raspar o cabelo é seguir um passo importante de Buda. Na época em que Sidarta Gautama, o criador da filosofia budista, renunciou ao título de príncipe para seguir o caminho da iluminação, ter o penteado vistoso era uma das marcas da realeza. Ficar careca foi a maneira que ele encontrou para desnudar a vida de vaidades, um símbolo de renúncia e renovação que viraria um dever para os monges e um costume para os novatos.

Além do treinador, onze meninos, não mais doze (já que Adul não é do time dos budistas), iniciavam ali o que se chama de ordenação, uma tradição na Tailândia para os que enfrentam adversidades e um primeiro passo para quem pretende se tornar monge, ainda que, naquele momento, não fosse o caso deles. Era hora de se debruçarem sobre o karma que viveram, retribuindo aos pais e a todos que os ajudaram. Pelos próximos dias, vestiriam laranja, andariam descalços a maior parte do tempo, meditariam, estudariam mais intensamente os ensinamentos do Buda e recitariam textos sagrados.

O técnico não ficaria apenas uma semana no monastério, mas três meses. Sairia dali como monge, finalmente, anos depois de ter precisado deixar o budismo de lado para cuidar da avó doente, que já estava um pouco melhor e passou a contar também com a ajuda de uma prima distante.

Com os Javalis no retiro budista, as notícias sobre eles minguaram, o mundo seguiu seus problemas e eu, enfim, fechei minha viagem de volta à Tailândia: chegaria no dia em que os meninos saíssem do retiro. Era uma forma de fazer tudo o que eu precisava e, se desse, bater aquela bola.

Viajei com seis entrevistas agendadas e boas janelas de tempo livre para encontrar inspiração, como fazem os escritores nos filmes; atravessaria a fronteira, descobriria Mianmar, visitaria templos, andaria sem rumo e puxaria conversas. Era a chance de entender melhor o contexto político e social do país, a capacidade de mobilização dos tailandeses, o papel do budismo, tudo o que estava por trás dessa grande história que, como tantas outras, é espremida para caber na TV.

Quando cheguei à província, os Javalis já estavam de volta à vida normal, ou quase isso: iam à escola, mas ainda não tinham liberação para jogar bola. Àquela altura, quase um mês depois do resgate, os médicos que cuidavam do time pareciam pecar pelo excesso. Todo mundo via que os garotos estavam saudáveis e na secura por uma pelada, mas nos coloquemos no lugar dos doutores: os Javalis eram sobrinhos de um mundo inteiro, qualquer menino daquele com uma gripe mal curada viraria notícia novamente e faria com que milhões de tias e tios, preocupados, voltassem a rezar.

Os jornalistas já tinham ido embora da cidade, mas os maiores veículos de comunicação do mundo continuavam rondando o time mais popular do momento. Pedidos de entrevistas exclusivas chegavam ao governo, às famílias e aos monges do templo principal da cidade.

Sabendo que os meninos não gravariam nos próximos dias, me coloquei no meu lugar. Não pediria para entrevistá-los; mas, como estava com o Bruno, o brasileiro que é amigo dos Javalis, eu tentaria um encontro informal, um "salve!", um olho no olho, uma troca de sorrisos ou um cumprimento com as mãozinhas espalmadas, como eles fazem. Só para dizer: "Fui um dos muitos que torceram por vocês. Mais do que para o meu Botafogo. Alias, conhecem o Botafogo?". E emendaria: "Falei de vocês dia e noite na TV e trago um abraço de todo o Brasil". Carinho nunca é demais.

O primeiro passo da breve saga foi ir à prefeitura de Mae Sai, que, pelo o que apuramos, poderia emitir uma autorização para encontramos alguns dos meninos na escola onde estudam seis deles. Nada feito. Um senhorzinho simpático, que ficou muito mexido por ter conhecido dois brasileiros de uma só vez, nos informou que a prefeitura não estava mais se envolvendo com o assunto, mas que, como a ideia era apenas um encontro informal, e não uma entrevista, não haveria problema algum em irmos até o colégio por nossa conta. "Vocês vão esbarrar com eles lá!", disse ele. Assim, seguimos rumo à escola, satisfeitos com a leveza daquele senhor. Haveria de dar certo.

Chegando ao colégio, o maior do norte da Tailândia, com dois mil alunos, o rapaz da recepção não demorou a perceber que éramos estrangeiros. Não é todo dia que atravessam o portão principal um negro de 1,99m ao lado de um barbudo com cara de árabe, quase da mesma altura.

Bruno me apresentou como me apresentaria sempre a partir daquele momento: um jornalista brasileiro que cobriu o resgate, que estava escrevendo um livro sobre a história e que queria muito dar um alô para os meninos, só um alô, nada de entrevistas — que respeitávamos e admirávamos o cuidado com o deslumbre. De tênis sem meia, bermuda, camisa de gola alargada e cara suada, talvez eu não estivesse passando muita credibilidade. Ou talvez justamente isso tenha ajudado a conquistar aquele homem. Nunca vou saber. O fato é que ele captou a mensagem, sorriu mais do que o normal e ligou para a professora de inglês de dois dos Javalis. Mal podíamos acreditar.

Quando ela chegou, fiquei mais à vontade, já que falávamos a mesma língua. Primeiro perguntei como a escola estava lidando com a volta dos meninos. A mulher simpática, de mais ou menos quarenta anos, bem branca, cabelo bem preto, firme e expressiva, disse que a direção do colégio entendia que era muito importante que cada garoto da caverna se percebesse como apenas mais um aluno daquela escola.

"Estamos muito felizes que tudo deu certo, os recebemos com carinho, celebramos, mas eles não podem ser tratados como super-heróis, para que não se sintam mais especiais do que os outros. Antes de o grupo voltar a estudar, fizemos uma reunião e pedimos que os alunos respeitassem o espaço dos meninos e que não ficassem a todo instante fazendo perguntas sobre o que aconteceu, pelo menos nesse início", nos contou Ratiphat Chuenjai. Continuamos a conversar, demos uma volta rápida pelo colégio, conheci o refeitório, algumas salas de aula, as quadras de esporte, e falamos mais sobre a escola e a educação na Tailândia.

"E você acha que eu... consigo dar um abraço neles?", perguntei.

"Claro, eles vão adorar tirar uma foto com vocês. Deixa eu ir atrás deles", ela disse.

Fomos convidados a esperar na sala dos professores. Água vai, papo vem, e a professora de inglês reapareceu dizendo que não havia encontrado os meninos, que precisava ir embora, mas que um rapaz os buscaria para que fôssemos apresentados a eles. O clima estava leve, sorrisos rolavam, éramos "as visitas do Brasil". Eis que uma outra professora que estava ali perto decide ligar para o diretor. Durante o telefonema, dois Meninos da Caverna entraram com o tal rapaz, mas passaram direto por nós. Foi quando vi a professora, ainda ao telefone, meio tensa, fazendo sinal para que eles fossem para uma parte reservada da sala. Ela desligou e nos disse que o diretor estava pedindo uma autorização da prefeitura. Explicamos que já havíamos passado lá, mas que eles não estavam mais emitindo a permissão e que nos disseram que poderíamos tratar diretamente com a escola. A moça, sem graça, fez aquela cara universal de "ordens são ordens". Compreendi, mas fiquei constrangido, me sentindo um incômodo. Cabisbaixos, os gringos deixaram a escola sem o abraço dos meninos.

Depois de comer um peixe frito que boiava num molho picante, voltei para o sexto andar do hotel de beira de estrada, com vista para o controle de fronteira e as montanhas de Mianmar, com a consciência tranquila, mas vigilante para que a adrenalina da missão não me fizesse perturbar a vida de ninguém. Decidi seguir a agenda de entrevistas e, dois ou três dias depois, voltar à escola para tentar falar com o tal do diretor. O "claro, eles vão adorar" da professora de inglês tinha ficado na minha cabeça, um cheiro de que tudo poderia dar certo. E, assim, fui deitar leve, para uma péssima noite de sono. Nenhuma noite sobreviveria ao molho do peixe que boiava.

No dia em que voltaríamos à escola, coloquei na mochila o essencial: carregadores, laptop, uma garrafa d'água e ela, a canga, que peguei emprestada de última hora, em Londres, dela, a minha esposa. O pedaço de pano era verde, com um losango amarelo ao centro e, dentro do losango, uma esfera azul-celeste com uma faixa branca e a combalida sentença "ordem e progresso". O Brasil derretia, mas nossas cores, por piores que sejam as nossas crises, são poderosas. Saí do hotel com o presente embolado na mochila.

Chegando ao colégio, ouvimos o som de meninas e meninos brincando, os gritinhos espaçados, as risadas exageradas, a bola batendo no muro da quadra, e reencontramos a barraca de salsichão, a de coco, a de picolé, a da mulher que vende uma fritura qualquer com queijo dentro, a de *smoothie* (bebida que mistura frutas, verduras, iogurtes e sorvete), além dos cachorros perdidos, das motos ariscas e das vans escolares. Fazia trinta graus na sombra. E lá fomos nós atrás do diretor.

Chegando à secretaria, Bruno encontrou um professor de educação física muito próximo a ele. Cumprimentaram-se calorosamente e, ao saber da nossa aventura por um simples abraço nos meninos, ele reagiu como aquela professora de inglês: empolgado, solícito, já nos dando as costas para ir atrás dos garotos. "Eu estava com eles agorinha", disse. Foi então que explicamos a ele e a um homem da secretaria que, na verdade, aquela era a nossa segunda vez na escola e que gostaríamos muito de conversar com o diretor. Fomos informados, então, que o sujeito não estava lá, tinha viajado. O que parecia o fim da linha acabou se revelando uma oportunidade.

O rapaz diante de nós na secretaria parecia ser o número dois do colégio. Um gente boa, que, ao ver a canga embolada em cima da mochila, mostrou quase todos os dentes. Começou uma sessão de fotos com a equipe da secretaria, uns cinco ou seis funcionários e funcionárias. Era sexta-feira e, num clima de happy hour, todos pareciam genuinamente interessados em conversar um pouco com o Brasil. Água vai, papo vem, resolvi arriscar: "E aí? Você acha que eu consigo dar um abraço nos garotos? Podemos falar com o diretor pelo telefone?". O rapaz preferiu que ele próprio consultasse o chefe. No meio da ligação, o professor de educação física, tão empolgado quanto nós, gesticulou dizendo que já iria chamar os meninos, para adiantar. Nesse meio-tempo, o rapaz explicou melhor ao diretor o que queríamos, quem era o Bruno e o que eu fazia ali. Pronto. Tudo resolvido. Na base da conversa, no susto, na canga.

Quando os Meninos da Caverna chegaram, descalços e sorridentes, como chegam os grandes anfitriões, era como se eu revisse os amigos que chamo de melhores, no pico de uma saudade. Trocamos sorrisos, nos cumprimentamos curvando nossos corpos, como se faz na Tailândia, e praticamos a língua das mãos espalmadas. Essa sequência se repetiu por mais alguns segundos, em *looping*: sorrisos, corpos curvados e mãos espalmadas.

Bruno, então, entrou em cena explicando, em tailandês, do livro, da TV, do Brasil, da comoção, da reza e da energia positiva. Os garotos pareciam gostar do que ouviam, ou talvez fosse só a felicidade de quando acaba a aula de sexta-feira. "A gente agradece muito ao Brasil!", disseram o goleiro Mix, o atacante e capitão Dom e o meio-campo Pong. Tiramos algumas fotos, nós seis: os três tailandeses, os dois brasileiros e a canga, que acabou ficando em Chiang Rai, de presente para os Javalis Selvagens, me deixando com uma dívida em casa.

Saímos todos juntos do colégio, caminhando devagar, batendo papo, como se eu fosse da turma dos Meninos da Caverna. Andando com eles pela rua das barraquinhas de salsichão, de coco, de *smoothies* e da fritura de queijo, e passando ao lado das vans escolares à espera de uns atrasados, a história, afinal, se fechava para mim. Na simplicidade, no sorriso e na discrição, os meninos e a Tailândia ensinavam sem saber.

Dobramos a esquina e nos escoramos no portão que leva ao campo onde os Javalis treinariam quando fossem liberados pelos médicos. Ali ouvi deles que o futebol fazia falta e que a escola estava difícil, essas coisas que dizem meninos e meninas em todos os cantos do mundo. Tive que lidar também com o fato de que eles jamais ouviram falar do Botafogo, nem de nenhum outro time brasileiro. "Neymar" era tudo o que sabiam sobre o nosso país. Foi nessa conversa, já quase no fim, que eles disseram que, dali a cinco ou dez minutos, pedalariam até o templo, onde fariam uma visitinha ao técnico-monge. Bruno e eu dissemos que adoraríamos conhecê-lo e, de carro, seguimos para lá. Os meninos não tinham liberação para jogar bola, mas nada constava sobre poder ou não andar de bicicleta. Logo, pedalaram, pedalaram e, sem demora, chegaram ao templo.

Na porta do monastério, os meninos encontraram mais um amigo da caverna, Titan, o caçula do time, de onze anos, e outros dois que não estavam no passeio. Todos deixaram os calçados na entrada e ficaram lá dentro por no máximo cinco minutos. Quando abriram a porta, traziam com eles o técnico Ake, eleito por mim o melhor treinador do mundo em 2018. Em frente a Budas e elefantes que coloriam a entrada principal, Ake disse que era uma alegria saber que o Brasil, tão grande, tinha rezado por eles, e que estava feliz em nos receber. Quando perguntei se ele falava algo de inglês, o técnico riu de nervoso, como se dissesse que "nem um palavrinha sequer". Rimos todos, inclusive os garotos. Foi quando os meninos sugeriram uma foto. Só então percebi que, por coincidência, um dos que já estavam no templo vestia uma camisa com a bandeira do Brasil. "Minha mãe comprou para mim em uma lojinha aqui perto", contou.

Tailândia e Brasil saíram juntos na foto — um registro daqueles minutos simples, perfeitamente simples, e raros, que se quer guardar de algum jeito, para sempre, nem que seja em um livro.

O PARTO DA CAVERNA, DIA A DIA

DIA 1: SÁBADO, 23 DE JUNHO

À tarde, depois do treino, doze meninos de um time de futebol do interior da Tailândia, os Javalis Selvagens, entre 11 e 16 anos, e um dos treinadores, de 25, pedalam meia hora até a caverna Tham Luang, uma das maiores e mais bonitas da província de Chiang Rai. Eles já conhecem o lugar. Dessa vez, vão por um motivo especial: comemorar o aniversário de um deles, Pheeraphat Sompiengjai, que completava dezesseis anos naquele dia.

A Tailândia está na temporada de monções, que vai de abril a novembro. Ventos fortes costumam fechar o tempo de uma hora para outra, com pés d'água quase todos os dias. O pior período é entre julho e outubro, quando cavernas como a Tham Luang, em parques nacionais, ficam fechadas. As visitas em junho são permitidas, mas têm seus riscos.

No fim da tarde, cai um temporal especialmente forte.

Os Meninos da Caverna *143*

Escurece e os garotos não chegam em casa. À noite, uma das mães aciona a polícia e os treze são dados como desaparecidos.

Autoridades encontram, na entrada da caverna, as bicicletas, chuteiras e mochilas dos meninos e do técnico.

Começa a mobilização.

DIA 2: DOMINGO, 24 DE JUNHO

Com a ajuda de funcionários do parque, bombeiros dão início às buscas. Segue chovendo e há grandes bolsões d'água na caverna. As equipes se dão conta da complexidade do trabalho. Nas áreas secas, militares encontram pegadas e desconfiam de que a inundação tenha forçado o grupo a ir cada vez mais fundo para procurar abrigo.

Os pais confirmam que alguns meninos não sabem nadar direito. Parentes se organizam, montam um santuário e começam uma vigília na entrada da caverna.

Corre o mundo a imagem de duas mães agoniadas, gritando, tentando falar com os meninos. "Filho, sai daí! Estou te esperando!", berram. O eco do próprio desespero faz uma delas chorar discretamente. Sem largar o guidão da bicicleta do menino, a outra grita: "Filho, vamos pra casa!".

Um integrante da Marinha acalma as famílias dizendo que são grandes as chances de os meninos estarem vivos.

DIA 3: SEGUNDA-FEIRA, 25 DE JUNHO

Centenas de militares vasculham a floresta em busca de entradas alternativas para a caverna. Autoridades trabalham com a hipótese de abrir um buraco na rocha para que os meninos sejam resgatados pela mata.

Lá dentro, avançando muitas vezes com água na altura peito, as equipes encontram áreas muito estreitas, algumas com apenas um metro de altura por um metro e meio de largura. Carregando comida e tanques de oxigênio, os militares procuram pelos meninos.

Integrantes do governo e voluntários chegam com equipamentos para bombear a água da caverna.

A chuva forte continua.

Nos bastidores, o governo de Chiang Rai recebe a indicação dos nomes de três mergulhadores britânicos especialistas em resgate em cavernas, considerados os melhores do mundo, mas avalia que ainda não é hora de aceitar ajuda internacional.

DIA 4: TERÇA-FEIRA, 26 DE JUNHO

As buscas já são uma grande operação militar, organizada e frenética, envolvendo quase mil pessoas, incluindo os voluntários.

As autoridades locais pedem que o país apoie o resgate.

Acredita-se que os meninos estejam abrigados mais distante do que se imaginava, em um bolsão de ar a um quilômetro de profundidade. O barulho da correnteza dentro da caverna impossibilita uma comunicação a distância. Ainda não há sinais de que os garotos estejam vivos.

Os mergulhadores chegam pela primeira vez a um entroncamento, mas são obrigados a voltar porque as inundações estão entupindo um dos caminhos.

DIA 5: QUARTA-FEIRA, 27 DE JUNHO

Convocados por amigos na Tailândia, não pelo governo, os três mergulhadores britânicos chegam para ajudar.

Com equipamentos inadequados para a missão e sem experiência em resgates em caverna, a Marinha tailandesa não consegue avançar pelos labirintos apertados.

Pressionadas, as autoridades aceitam mais ajuda internacional.

Trinta militares norte-americanos do Comando do Pacífico embarcam para Chiang Rai. Mergulhadores australianos também estão a caminho.

DIA 6: QUINTA-FEIRA, 28 DE JUNHO

As buscas são temporariamente interrompidas por causa de um novo temporal.

Os mergulhadores americanos chegam de madrugada e começam a trabalhar na base da caverna, ao lado de militares tailandeses. Há também especialistas do Japão e de Mianmar.

Bombeiros continuam percorrendo as montanhas em busca de entradas alternativas, e dessa vez fazem o trabalho ao lado dos mergulhadores britânicos. Drones ajudam a mapear o local.

Não para de chover e as autoridades admitem que as condições estão se tornando especialmente difíceis.

DIA 7: SEXTA-FEIRA, 29 DE JUNHO

As equipes encontram uma possível entrada alternativa: uma fenda no meio da mata, e passam horas avaliando o local. Porém, sem garantias de que a abertura dará de fato na caverna, logo desistem.

O primeiro-ministro tailandês Prayuth Chan Ocha visita a base de operações do resgate, lidera uma meditação, cozinha com as famílias dos meninos e pede que não percam a esperança.

DIA 8: SÁBADO, 30 DE JUNHO

A estrutura para os jornalistas é reorganizada com a emissão de credenciais e um distanciamento maior da área da caverna. Repórteres não têm acesso às famílias. Tudo segue de maneira discreta, com entrevistas coletivas em horários marcados, para que o trabalho transcorra da melhor maneira possível, sem que se transforme em um show midiático.

Uma pausa no mau tempo permite que os mergulhadores avancem cada vez mais. Calcula-se, no entanto, que eles ainda estejam a cerca de um quilômetro e meio dos garotos.

Parte da equipe realiza exercícios práticos para retirar os meninos com segurança, simulando o uso de macas e cordas para içar os Javalis.

DIA 9: DOMINGO, 10 DE JULHO

As equipes de resgate dão um passo importante: conseguem montar uma segunda base operacional, essa dentro da caverna. Militares levam suprimentos e centenas de tanques de oxigênio para esse novo ponto de apoio.

O governador da província de Chiang Rai, Narongsak Osottanakorne, diz que os mergulhadores estão avançando e que as condições de trabalho melhoraram consideravelmente.

DIA 10: SEGUNDA-FEIRA, 2 DE JULHO

Dois dos três mergulhadores britânicos saem para explorar a caverna. Três horas depois, brotam da água barrenta e dão de cara com os doze meninos e o treinador, todos sentados, acuados, mas protegidos da água, em uma parte mais alta.

A seguir, o diálogo entre o menino Adul, o único do grupo que falava inglês, e os mergulhadores britânicos:*

John Volanthen e Rick Stanton: Encontramos...! Encontramos!

John Volanthen: Levantem as mãos, por favor!

Meninos *(uns em inglês e outros em tailandês)*: Obrigado! Obrigado!

John Volanthen: Quantos vocês são?

Adul *(em inglês)*: Treze.

---

* Disponível em: <www.youtube.com/watch?v=2BpaaSzq3-I>.

John Volanthen: Treze? Excelente!

Adul: Vamos sair hoje?

John Volanthen: Não, hoje não...

Adul: Não?

John Volanthen: Somos só dois. Vocês teriam que mergulhar.

Adul *(traduzindo para o grupo)*: Ele disse que não vai ser hoje...

John Volanthen: Mas nós vamos voltar. Está tudo bem. Muita gente está vindo. Muita gente mesmo. Somos só os primeiros. Muita gente ainda vai vir.

Adul: Que dia?

John Volanthen: Amanhã.

Rick Stanton: Acho que ele está perguntando que dia é hoje.

(Os mergulhadores demoram a lembrar)

John Volanthen: Segunda... Hoje é segunda-feira. Vocês estão aqui há dez dias. Vocês são muito fortes. Muito fortes, de verdade.

Outro menino *(em tailandês)*: Quem sabe inglês? Não estou entendendo.

(Adul traduz, enquanto os mergulhadores se preparam para voltar)

John Volanthen: Nós vamos voltar!

Adul: Estamos com fome!

John Volanthen: Eu sei... eu entendo. Vamos voltar, está bem? Vamos voltar.

(Os mergulhadores gesticulam pedindo que os meninos se juntem, para que façam imagens deles)

Um dos meninos *(em tailandês):* Diga que estamos com fome.

Adul *(em tailandês):* Já disse, eles sabem.

Um outro menino *(em tailandês):* Quando vêm nos ajudar?

Adul *(em tailandês):* Eles vão voltar.

John Volanthen: Voltaremos amanhã. Pelo menos é o que esperamos. Muito legal, muito bom encontrar vocês. Os mergulhadores da Marinha tailandesa vão chegar com comida, remédios e tudo mais. Vocês têm lanternas? Vamos dar mais lanternas para vocês.

(Os mergulhadores se aproximam para filmar os meninos — vários sorriem)

John Volanthen: Parece divertido.

Adul: Estamos muito felizes!

John Volanthen: Estamos felizes também.

Adul: Muito obrigado! Muito obrigado. De onde vocês são?

John Volanthen: Inglaterra, Reino Unido.

Meninos, em coro: Uaaau...

John Volanthen e Rick Stanton: Nós voltaremos!

E, assim, os mergulhadores voltam à base trazendo a melhor notícia possível.

Ao saber da boa nova, os pais se abraçam, choram e assistem juntos às imagens gravadas pelos mergulhadores: dos filhos raquíticos, mas tranquilos, alguns até sorrindo.

"Veja como eles estavam esperando: quietos, ninguém chorava nem nada. Foi surpreendente", comenta uma das mães, aprendendo com os meninos.

Em São Petersburgo, na Rússia, a França vence a Bélgica por um a zero e se classifica para a final da Copa do Mundo. "Essa vitória vai para os grandes heróis do dia. Muito bem, meninos! Vocês são muito fortes!", escreveu em uma rede social o craque Paul Pogba.

A Tailândia e milhões de pessoas ao redor do mundo vão dormir mais leves, mas ainda sem saber como — e quando — as equipes pretendem tirar os meninos de dentro da caverna.

DIA 11: TERÇA-FEIRA, 3 DE JULHO

Quatro militares tailandeses levam comida e remédios para os meninos. Alguns garotos estão com arranhões superficiais. Os soldados ficarão com eles até que todos sejam resgatados. Vão dar apoio emocional e, aos poucos, instruções para o resgate e o treinamento necessário para o uso dos equipamentos de mergulho.

As equipes discutem a melhor estratégia para a retirada dos meninos. Autoridades não descartam a possibilidade de que os garotos tenham que ficar lá dentro até que termine o período de chuvas, dali a três ou quatro meses.

DIA 12: QUARTA-FEIRA, 4 DE JULHO

O nível de oxigênio onde os meninos estão é baixo. Equipes se mobilizam para levar cilindros de ar para os treze Javalis.

Apesar de todo o trabalho que há pela frente, o clima entre as famílias, os voluntários e as pessoas nas ruas de Chiang Rai é de confiança.

Parentes de Pheeraphat Sompiengjai, o menino que fez aniversário no dia em que o grupo ficou preso, ainda guardam o bolo do Pokémon na geladeira. "Vamos fazer uma surpresa para ele!", conta a irmã.

DIA 13: QUINTA-FEIRA, 5 DE JULHO

Morre o ex-mergulhador da Marinha tailandesa Saman Kunan, de 38 anos.

Ele participava da missão de levar oxigênio para os meninos. Kunan conseguiu entregar os cilindros, mas o seu próprio equipamento falhou no caminho de volta. O mergulhador ficou sem ar e morreu. Triatleta e ex-integrante do grupo de elite da Marinha, ele participava do resgate como voluntário.

"Que você descanse em paz. Cumpriremos esta missão, como você desejou", diz a Marinha em um comunicado.

Kunan era casado e não tinha filhos.

A morte do mergulhador abala os pais dos meninos e a opinião pública. Especialistas colocam em dúvida o sucesso do resgate.

DIA 14: SEXTA-FEIRA, 6 DE JULHO

A morte de Kunan faz a equipe envolvida no resgate agilizar o trabalho.

A previsão de tempo bom para os próximos dias pode criar a janela perfeita para o início das operações. Os meninos estão treinados e as autoridades agora descartam a possibilidade de esperar o fim do período de monções para começar o resgate, o que colocaria em risco a saúde dos garotos.

Para facilitar a chegada de oxigênio na caverna, militares conseguem instalar um duto de ar onde o grupo está preso já há quase duas semanas.

DIA 15: SÁBADO, 7 DE JULHO

Um dos mergulhadores, de surpresa, leva bloquinhos e canetas para o grupo no fundo da caverna. Pela primeira vez, os meninos e o técnico escrevem cartas para as famílias.

Algumas dessas mensagens:

> Mamãe e papai, eu amo vocês. Se eu conseguir sair, por favor, me levem para comer torresmo.

> Estou bem. Está um pouco frio, mas não se preocupem. E não se esqueçam do meu aniversário!

> Sinto falta de vocês. Quero muito sair daqui.

Essas foram as palavras escolhidas pelo treinador Ekapol Chanthawong:

> Queridos pais, Nos estamos bem. A equipe de Resgate está cuidando muito bem de Nos. E eu prometo que vou continuar cuidando dos meninos. Obrigado pelo apoio. Peço desculpas a todos.

O técnico escreveu uma outra mensagem, essa apenas para a sua família:

> Querida avó, estou bem, Não se preocupe muito. Por favor, cuide-se. Tia, por favor, fala para a vó cozinhar torresmo com aquele molho picante. Quero muito comer isso quando sair. Amo. vocês.

O coordenador da equipe de resgate diz que as condições para os próximos dias são "perfeitas".

A Marinha tailandesa consegue uma audiência com o ministro do Interior para aprovar o início da operação. Com a permissão do governo, autoridades locais anunciam, sem dar detalhes, que os trabalhos começarão no dia seguinte.

DIA 16: DOMINGO, 8 DE JULHO

A previsão é de que os primeiros meninos sejam resgatados por voltas das 21h.

Noventa mergulhadores, cinquenta deles de outros países, participam da operação.

Ao chegar à Tailândia e pegar as malas no aeroporto de Chiang Rai, ainda sem internet, recebo a notícia de um jornalista austríaco do mesmo voo que o meu: "viu que já começou?".

A cidade está cheia, falante, ansiosa, acompanhando tudo em televisores de tubo.

O critério para a ordem de saída dos Javalis é definido entre eles próprios, com a participação de militares tailandeses. Fica decidido que primeiro sairão os mais fortes. Se algo der errado, são eles os mais aptos a usar a força física e mental.

Superando a melhor das expectativas, às 17h40 as autoridades anunciam que dois Javalis já estão fora da caverna. Os meninos são levados de helicóptero até um campo de futebol, de onde seguem de ambulância para o hospital.

Jornalistas abrem sorrisos inéditos para os espectadores.

Poucas horas depois, outros dois meninos são retirados da caverna.

Os Javalis, todos eles, recebem ansiolíticos antes do início do resgate. Chegam à superfície ainda desacordados, dopados.

O domingo à noite traz o respiro que muita gente esperava.

Depois do primeiro dia bem-sucedido, às 21h os chefes da equipe decidem interromper a operação de resgate. Precisam recarregar os tanques de oxigênio e a energia dos mergulhadores.

DIA 17: SEGUNDA-FEIRA, 9 DE JULHO

As autoridades tentam conter o otimismo e a expectativa de um mundo inteiro.

O governador diz que os trabalhos devem seguir até quinta-feira, ainda que o ritmo de domingo sugira que em dois dias a situação deve estar resolvida.

Os mergulhadores retomam a operação de resgate no final da manhã. Na entrada da montanha, ambulâncias enfileiradas esperam pelos meninos.

No centro de Chiang Rai, a feira de rua é o retrato da confiança e da ansiedade da província. A barraca de frutas e amendoins é a primeira a ficar sabendo das novidades: a vendedora, uma senhora banguela, puxou um cabo de energia da loja ao lado e abriu espaço entre as melancias para colocar a TV. A história é a Copa do Mundo dos tailandeses. Pouco importa o resultado dos jogos na Rússia.

Seguindo o ritmo do primeiro dia, outros quatro javalis são resgatados.

Os meninos que saíram na véspera seguem internados. Um deles diz aos médicos que está com desejo de comer arroz frito, prato muito tradicional no país, refogado com legumes e geralmente frango ou camarão. Os garotos ainda não podem comer à vontade. Precisam passar a semana inteira respeitando uma dieta leve, sem fritura ou pimenta, logo as duas paixões nacionais. Outro Javali quer chocolate. "Só um pouquinho." O médico cede. O menino pede mais e ouve um não.

Os nomes dos oito garotos resgatados até agora não são revelados publicamente, nem mesmo aos pais, em respeito às famílias dos que continuam presos na caverna.

Sabe-se que o treinador ainda está lá dentro e que vai ser o último do grupo a sair.

DIA 18: TERÇA-FEIRA, 10 DE JULHO

Começa o que, para os otimistas, pode ser o último dia de resgate.

O trabalho avança com mais rapidez. No primeiro dia, os mergulhadores demoravam em média onze horas para entrar na caverna e sair com um menino. Na segunda-feira, levaram nove horas.

Choveu bastante de madrugada, mas o tempo firme dos últimos dias fez o nível d'água na caverna diminuir consideravelmente.

No final da tarde, chega a notícia de que, finalmente, depois de quase vinte dias, todos os Javalis Selvagens estão fora da caverna Tham Luang.

Moradores da província de Chiang Rai vão para a porta do hospital esperar pelos meninos. Sentam na calçada, se abraçam, riem. A festa na rua tem água e chá verde liberados. Somos quase duzentos. Algumas mães chegam com os filhos pequenos para comemorar; entendem o que os pais dos Javalis devem ter passado. Uma delas joga seu menino para o alto e o segura sobre a cabeça, como um troféu. A mulher se deixa filmar e depois aparece com um refrigerante laranja de presente para a equipe de reportagem. Teve gente chorando nessa hora, dizem.

Vejo chegar cada uma das ambulâncias. A última desfila devagar. O motorista tira o pé do acelerador para que o técnico-monge Ekkapol Chantawong ouça bem os aplausos e os gritos da cidade.

Os treze recém-renascidos precisam de cuidados. Alguns estão com infecção pulmonar. Durante uma semana, vão ter que ficar separados dos pais por um vidro, isolados, mas ainda juntos, como um time.

Termina o parto da caverna.

"Não sabemos se foi um milagre, ciência ou o quê.
Mas os trezes Javalis Selvagens estão fora da caverna."

Comunicado oficial da Marinha tailandesa

Posfácio

Queridos Javalis,

Que bom que este livro chegou até vocês. Não tenho ideia do ano em que estamos, se é dia ou noite, com que idade me leem agora, mas consigo imaginá-los escrevendo e traduzindo no celular palavra por palavra, cada uma dessas aqui, tentando entender aonde quero chegar.

Depois que nos encontramos, vi que vocês foram à Argentina participar da abertura dos Jogos Olímpicos da Juventude. Eu nem sabia que aqueles Jogos existiam. Adorei aprender mais essa com vocês e vê-los cheios de cabelo em Buenos Aires.

Vocês ainda passaram pelos Estados Unidos, onde deram entrevistas naqueles programas de auditório que correm o mundo. Eu fiquei todo orgulhoso. Ainda conheceram o Ibrahimović, jogadoraço da Suécia. Dias depois já estavam no Reino Unido, no estádio do Manchester

United, passando frio e sendo aplaudidos de pé por 74 mil pessoas. Como vocês brilhavam.

Na época, eu acompanhava tudo pelas redes sociais. Quantos seguidores, fã-clubes e sorrisos vocês tinham... Ainda existe aquele troço de Instagram?

Agora habilitem o áudio do tradutor do celular. Queria que ouvissem duas palavras em português: *parabéns* e *obrigado*!

Parabéns por terem vencido uma luta física e mental que muitos de nós perderíamos. Parabéns pela paciência, pela capacidade de união e de concentração. Parabéns por perceberem, ao se mostrarem tão agradecidos e generosos, que a história de vocês mexeu com o que há de melhor dentro de nós. Isso é de uma força tremenda, poderosa mesmo. Foi por isso, acho eu, que, mesmo sem querer, vocês fizeram história. Porque despertaram algo escasso naquele julho de 2018: humanidade.

Parabéns e obrigado por tudo isso!

Agora me falem de vocês. Por onde andam? Continuam em Chiang Rai? Alguém virou mergulhador? Jogador de futebol? Palestrante motivacional? Engenheiro? Pastor? Monge?

O que pensam do mundo, queridos Javalis?

E, afinal, ainda entram em cavernas?

Com todo o meu carinho,

Rodrigo

Agradecimentos

Essas páginas foram escritas enquanto o Brasil derretia. Em um 2018 de ódio e retrocesso, abrir o computador para contar a história dos Meninos da Caverna era como ir para um mundo paralelo, um refúgio de esperança, quentinho e iluminado. Por isso, deixo aqui meu muito obrigado a todos que conheci em Chiang Rai, terra de um povo de simpatia espantosa, inesquecivelmente acolhedor.

Um agradecimento do tamanho da Tailândia a Bruno Ferreira, por me abrir tantas portas nos dias em que trabalhamos juntos e, mais do que isso, pelo bom humor necessário e pela serenidade admirável.

A Ernani Lemos, companheiro no escritório em Londres, editor-oculto deste livro e responsável direto por estas páginas existirem, minha eterna gratidão pelo incentivo, pelo olhar sensível e pela troca fraterna.

A Rodrigo Alvarez, meu muito obrigado pela ajuda valiosa, pelas boas conversas e pela parceria na cobertura em Chiang Rai.

A Ajahn Mudito, diretor espititual da Sociedade Budista do Brasil e abade do mosteiro budista Suddhavãri (www.Suddhavari.org), meu agradecimento pela disponibilidade e paciência em tirar dúvidas a qualquer hora do dia.

Meu muito obrigado à direção da Globo Livros, pelo honroso convite.

À direção da TV Globo e da GloboNews, agradeço profundamente pela confiança.

À Angela Maria Rebel de Carvalho, mãe e primeira leitora, todo o meu amor.

Ainda no aconchego da família, agradeço aos sogros, Catia e Jorge, pelo carinho e pelas direções.

Com Lucas Marshall, minha dupla nas reportagens nos dias de resgate, puxo um brinde ao nosso reencontro em terras tailandesas e à amizade.

Agradeço também aos colegas da Globo no Brasil que, de longe, estiveram comigo em Chiang Rai, no ar e nos bastidores: Aline Midlej, Carolina Oddone, Celio Galvão, Claudia Erthal, Daniel Monnerat, Danilo Alves, Deni Navarro, Donny de Nuccio, Eliane Deak, Gabriella Matte, Leda Balbino, Ledu Garcia, Leo Valente, Livia Lacerda, Marcelo Lins, Marcelo Sarkis, Marcia Moraes, Maria Beltrão, Mario Cajé, Maria Cleidejane, Raphael Perachi, Raquel Novaes e Thais Fascina.

Meu muito obrigado também aos queridos colegas em Londres, pela troca diária e pela harmonia no dia a dia: Cecilia Malan, Cesar Cardoso, Danilo Quintal, Helena Rabello, Igor Arroyo, Juliana Yonezawa, Livia Pinto, Marina Izidro, Natalie Reinoso, Paulo Pimentel, Pedro Vedova, Rogerio Romera, Ross Salinas, Stephanie Wegenast e mestre Silio Boccanera.

À Neyara Pinheiro, repórter da TV Clube, afiliada da Globo em Teresina, meu agradecimento pela parceria na reportagem da Duda e por gentilmente ter levado a camisa dos Javalis para a nossa "Menina do Piauí".

Aos amigos no Brasil, em especial Elis Silvestri, Franco de Castro, Pedro Schneider e Mauro Silva, agradeço, cheio de amor, pelas trocas e reflexões tão importantes.

Por fim, um abraço carinhoso em você, querida leitora ou querido leitor, e meu obrigado pelo seu tempo precioso e por ter se conectado mais a fundo com esta história. Espero que tenha gostado.

Beijo grande e até a próxima!

Este livro, composto nas fontes Fairfield, ChaletBook e Gotham Narrow,
foi impresso em papel Polén Soft 70g/m², na gráfica Santa Marta,
Rio de Janeiro, novembro de 2018.